## COLECCIÓN
# LECTURAS CLÁSICAS GRADUADAS

# La Gitanilla

## Miguel
## de Cervantes

# Nivel II

GRUPO DIDASCALIA, S.A.
Plaza Ciudad de Salta, 3 - 28043 MADRID - (ESPAÑA)
TEL.: (34) 914.165.511 - FAX: (34) 914.165.411

**Director de la colección:**
*A. González Hermoso*

\*\*\*

Adaptador de *La Gitanilla:*
*C. Romero Dueñas*

\*\*\*

La versión adaptada sigue la edición de *La Gitanilla,* de Miguel de
Cervantes, Editorial Castalia, S. A., Madrid 1982.

1ª Edición: 1996
1ª Reimpresión: 1999
2ª Reimpresión: 1999

Dirección y coordinación editorial:
*Pilar Jiménez Gazapo*
Adjunta dirección y coordinación editorial:
*Ana Calle Fernández*

Diseño de cubierta, maquetación:
Departamento de Imagen EDELSA
Fotocomposición: Fotocomposición Crisol, S.L.
Fotografía portada: J. R. Brotons
Filmación: Fotocomposición Crisol, S.L.
Imprenta: Pimakius

© 1996, EDITORIAL EDELSA grupo Didascalia, S. A.

I.S.B.N.: 84-7711-124-3
I.S.B.N. (de la colección): 84-7711-103-0
Depósito legal: M-39959-1999
Impreso en España
*Printed in Spain*

Desde los primeros momentos del aprendizaje del español, el estudiante extranjero se siente atraído por los grandes nombres de la literatura en español, pero, evidentemente, no puede leer sus obras en versión original.

De ahí el objetivo de esta colección de adaptar grandes obras de la literatura en lengua española a los diferentes niveles del aprendizaje: elemental, intermedio, avanzado.

En todos los títulos hay:

- Una breve **presentación** de la vida y obra del autor.

- Una **adaptación** de la obra con las características siguientes:
    - mantener los elementos importantes de la narración y la acción;
    - conservar todo lo más posible las palabras y construcciones del autor según el nivel (I, II, III) de la adaptación;
    - sustituir construcciones sintácticas y términos léxicos que sean difíciles o de poco uso en la actualidad.

- Una **selección** de partes significativas de la obra en su **versión original**. El lector, una vez leída la adaptación, puede seguir así los momentos principales del relato.

- La **lista de palabras** de la obra adaptada, agrupando en la misma entrada a las de la misma familia léxica. El lector puede elaborar así su propio diccionario.

- Una **guía de comprensión lectora** que ayuda a elaborar la **ficha resumen** de la lectura del libro.

Y en algunos títulos hay:

- Una casete audio que permite trabajar la comprensión oral.

- Una casete vídeo en versión original que complementa la lectura.

La colección de **Lecturas clásicas graduadas** pretende que el lector disfrute con ellas y que de ahí pase a la obra literaria íntegra y original.

## Vida

Escritor español nacido en 1547 en Alcalá de Henares (Comunidad de Madrid).

Pasó la niñez de ciudad en ciudad, con su familia, huyendo de las deudas, aunque parece ser que estudió en los jesuitas de Córdoba o Sevilla.

Fue soldado y combatió en la batalla de Lepanto (1571) donde resultó herido y quedó inútil del brazo izquierdo. Por su valor y buen comportamiento consiguió cartas para ser nombrado capitán a su vuelta a España, pero los piratas argelinos lo apresaron en 1575 y fue rescatado cinco años más tarde.

Al llegar a Madrid intentó conseguir algún cargo militar, y al no lograr nada importante trató de vivir de sus escritos, pero no tuvo éxito.

Se casó en 1584 con doña Catalina de Salazar, 19 años más joven que él, pero el matrimonio fracasó.

A la muerte de su padre se hizo cargo de toda la familia, y en 1587 consiguió ser nombrado comisario encargado de comprar y requisar provisiones para la Armada conocida después como la *Invencible*.

Se vio en frecuentes dificultades económicas y fue encarcelado varias veces.

En contrapartida a sus desgracias se publicó en 1605 la que es obra cumbre de la literatura española: *Don Quijote de la Mancha*, novela que obtuvo un gran éxito, se multiplicaron las ediciones y dio la fama a su autor.

A partir de entonces, Cervantes se instaló en Madrid, donde frecuentó las academias y círculos literarios de la capital. Algunos nobles y cardenales importantes le ayudaron económicamente y al final de su vida pudo adquirir cierta estabilidad.

Murió en Madrid en 1616, aunque se desconoce con exactitud el lugar donde está enterrado.

## Obra dramática y en verso

Cervantes empezó a escribir estando cautivo en Argel, donde compuso obras de teatro para divertir a sus compañeros presos. A su regreso a España escribió cierto número de piezas teatrales, de las que sólo nos han llegado dos, *Numancia* y *El trato de Argel*. La primera de ellas es la mejor tragedia del teatro español.

Durante toda su vida continuó publicando poesía; casi todos sus poemas son elogios de libros de otros autores (como el titulado *Viaje al Parnaso*) o están incluidos en sus obras en prosa. Él se sentía orgulloso de ser poeta, pero la mayoría de sus poemas son mediocres.

## Obra en prosa

*La Galatea*
*El ingenioso hidalgo don Quijote de la Mancha*
*Ocho comedias y ocho entremeses nuevos*
*Los trabajos de Persiles y Segismunda*
*Novelas ejemplares*

En 1613 Cervantes publica una obra compuesta por doce relatos cortos, algunos de ellos escritos años antes, que titula *Novelas ejemplares*. Probablemente este libro hubiera bastado para otorgarle un puesto de honor en la literatura española.

Todas las novelas se refieren en cierto modo al bien y al mal, la mayoría de ellas al amor, o por lo menos a las relaciones sexuales. Cervantes quería divertir y enseñar a la vez, por eso las califica de ejemplares, porque muestran ejemplos que evitar o imitar, aunque no todas ellas son modelo de moral.

### La Gitanilla

*La Gitanilla* es una historia encantadora por tres motivos: el relato de aventuras en sí mismo, el ambiente descrito y la figura de la protagonista. El eco de este personaje llega incluso hasta García Lorca, que le dedica el segundo poema de su *Romancero Gitano,* titulado *Preciosa y el aire.*

La novela hace referencia continuamente a la vida de los gitanos, pues en este mundo fue educada Preciosa, la Gitanilla.

Un caballero de origen noble, Juan de Cárcamo, se enamora de la hermosura y la gracia de Preciosa y abandona a los suyos para unirse a los gitanos bajo el nombre de Andrés Caballero. Tras muchos sucesos se descubre que Preciosa es hija de un importante caballero, y que siendo niña había sido robada por una gitana vieja. El final feliz acaba en la boda de los enamorados.

En esta adaptación nos hemos permitido introducir algunos fragmentos en verso -también adaptados- en razón de su importancia en la obra y por ser muy conocidos.

**Obra Adaptada**

na gitana[1] vieja crió[2] a una muchacha como si fuese su nieta[3], a quien puso el nombre de Preciosa y a quien enseñó todas las costumbres de los gitanos y sus maneras de engañar y de robar. Preciosa llegó a ser la mejor bailadora[4] de todos los gitanos y la más hermosa y discreta[5] de todas las mujeres. Ni siquiera la dura vida que llevan los gitanos pudo estropear su cara o sus manos; y aunque recibía una mala educación, no parecía haber nacido gitana porque era muy buena en el trato con los demás. Además era muy simpática y desenvuelta[6], pero honesta[7], por eso ninguna otra gitana se atrevía a decir palabras feas delante de ella.

Por todo eso, la abuela se dio cuenta del tesoro[8] que tenía en la nieta y pensó enseñarle a ganar dinero gracias a su inteligencia. Preciosa aprendió muchas canciones y versos[9], especialmente romances[10], que los cantaba con una gracia especial; porque su abuela, que era muy lista, vio que todas esas cosas en una chica tan joven y tan hermosa podían hacerle ganar mucho dinero.

V. O. nº 1 en pág. 59

V. O. nº 2 en pág. 59

[1] *gitana:* mujer de raza gitana. Las personas de esta raza se caracterizaban porque estaban extendidas por todo el mundo, no vivían en un lugar fijo y solían dedicarse a cantar, bailar u otros espectáculos en la calle.

[2] *criar:* cuidar, dar de comer y educar a una persona.

[3] *nieta:* una persona respecto a sus abuelos.

[4] *bailadora:* mujer que se dedica a bailar.

[5] *discreta:* buena y muy educada con las demás personas.

[6] *desenvuelta:* aquí, simpática y que habla con todo el mundo.

[7] *honesta:* que no hace ni dice cosas malas.

[8] *tesoro:* aquí, persona que vale mucho.

[9] *verso:* poesía.

[10] *romance:* poema de varios versos de ocho sílabas. Son muy abundantes en la poesía popular española.

[11] *Castilla:* región en el centro de España. En aquella época Madrid pertenecía a Castilla.

[12] *Corte:* ciudad donde estaba el gobierno de un país. Aquí, Madrid.

[13] *patrona:* en la religión católica, santa o virgen que se elige para que cuide y ayude a una ciudad.

[14] *aseo:* limpieza.

[15] *tener fama:* ser muy conocido.

Preciosa se crió en diversas partes de Castilla[11], y a los quince años, su abuela la llevó a la Corte[12]. La primera vez que Preciosa entró en Madrid fue un día de Santa Ana, patrona[13] de la ciudad. Llegó cantando y bailando junto con otras gitanas, y aunque todas iban muy limpias, el aseo[14] de Preciosa era tan grande que poco a poco fue enamorando a todos los que la miraban. Entre el sonido de la música se empezó a hablar de la belleza y la gracia de la gitanilla y los muchachos corrían a verla, y los hombres a mirarla. Pero cuando la oyeron cantar aumentó la fama[15] de la gitanilla y todos los que estaban en aquella fiesta pensaron que era la mejor del baile.

[16] *iglesia de Santa María:* en aquella época era la iglesia más grande y más antigua de Madrid. Actualmente se ha convertido en una catedral, llamada de la Almudena.

[17] *admirar:* tener sorpresa y alegría al ver algo.

[18] *bendecir:* ayudar Dios a alguien.

Al llegar a la iglesia de Santa María[16], Preciosa cantó un romance que admiró[17] a cuantos la escuchaban. Unos decían: «¡Dios te bendiga[18] la muchacha!» Otros: «¡Lástima que esta chica sea gitana! Debería ser hija de un gran señor».

Se acabó la fiesta de Santa Ana y Preciosa quedó algo cansada, pero en toda la Corte se hablaba de su hermosura, de su gracia y de su discreción[19]. Quince días más tarde volvió a Madrid con otras tres muchachas y con la gitana vieja, que nunca la dejaba sola por miedo a que se la robasen; la llamaba nieta y ella la tenía por abuela.

[20] *corro*: grupo de personas que forman un círculo.

[21] *limosna*: dinero que se da a los pobres.

[22] *teniente*: aquí y entonces, sustituto del alcalde.

[23] *curioso*: el que quiere enterarse de las cosas de los demás.

[24] *paje*: en aquella época, joven que trabajaba para otro hombre ayudándole en todo. Criado.

[25] *doblado*: unido por las puntas para que sea más pequeño.

[26] *romancera*: mujer que canta romances.

Todas habían aprendido romances y canciones alegres y se pusieron a bailar en la calle a la sombra. Los que las seguían hicieron luego un gran corro[20] y, mientras bailaban, la vieja pedía limosna[21].

Más de doscientas personas estaban mirando el baile y escuchando el canto de las gitanas, y en el momento más interesante pasó por allí uno de los tenientes[22] de la ciudad, y al ver tanta gente junta preguntó qué pasaba. Le respondieron que estaban escuchando cantar a la gitanilla hermosa. Se acercó el policía, que era curioso[23], y escuchó un rato, pero como esto no estaba bien en un policía, no escuchó el romance hasta el final. Sin embargo, le gustó mucho la gitanilla y le pidió a la gitana vieja que al anochecer fuese a su casa con las gitanillas, porque quería que las oyese doña Clara, su mujer. La vieja dijo que sí iría.

Acabaron el baile y el canto y se fueron a otro sitio, donde llegó un paje[24] muy bien vestido y, dándole a Preciosa un papel doblado[25], le dijo:

-Preciosica, canta el romance que está escrito aquí porque es muy bueno, y yo te daré otros de vez en cuando, para que con ellos tengas fama de ser la mejor romancera[26] del mundo.

-Lo haré de muy buena gana -respondió Preciosa-. Y déme, señor, todos los romances que dice, pero que no tengan palabras feas. Y si quiere, yo se los pagaré, pero ha de ser después de haberlos cantado.

-Si me paga para comprar el papel -dijo el paje- ya estaré contento. Y si el romance no es bueno o no es honesto, no hace falta que se lo quede.

[27] *escoger:* coger una cosa entre otras muchas.

-Yo seré quien los escoja[27] -respondió Preciosa.

[28] *reja:* pared formada por barras de hierro paralelas.

Y con esto, se fueron. Y desde una reja[28] llamaron unos caballeros a las gitanas. Preciosa se acercó y vio en una sala muy elegante a muchos caballeros que estaban paseando o jugando a diversos juegos.

-¿Me dan ustedes algo de dinero, señores? -dijo Preciosa.

Al oír la voz de Preciosa y al ver su cara, los caballeros dejaron de jugar o de pasear y fueron a la reja para verla, porque ya habían oído hablar de ella, y dijeron:

-Entren, entren las gitanillas, que aquí les daremos dinero.

[29] *pellizcar:* coger con dos dedos un trozo de carne o piel y apretarla.

-Pero no nos pellizquen[29] -dijo Preciosa.

-Claro que no -dijo uno-, puedes entrar, niña, segura de que nadie te tocará.

-Si tú quieres entrar, Preciosa, hazlo -dijo una de las tres gitanillas que iban con ella-, pero yo no pienso entrar en un sitio donde hay tantos hombres.

[30] *honrada:* buena.

-Mira, Cristina -respondió Preciosa- la mujer que es honrada[30] lo puede ser entre un ejército de solda- dos.

-Entremos, Preciosa -dijo Cristina-, que tú sabes más que un sabio[31].

[31] *sabio:* hombre inteligente y que sabe mucho.

Las animó la gitana vieja, y entraron. Nada más entrar Preciosa, un caballero se acercó a ella y le cogió el papel que llevaba en el pecho. Y dijo Preciosa:

-¡No me lo quite, señor, que es un romance que me acaban de dar ahora y aún no lo he leído!

-Y ¿sabes tú leer, hija? -dijo uno.

-Y escribir -respondió la vieja-, que a mi nieta la he criado como si fuera hija de un gran señor.

[32] *escudo:* aquí, moneda de la época. A lo largo de la nove- la aparecen otras monedas de la época: *blanca, cuarto, real, doblón* y *ducado.*

Abrió el caballero el papel y vio que venía dentro de él un escudo[32] de oro, y dijo:

-Toma, Preciosa, este escudo que viene con el ro- mance.

-¡Vaya! -dijo Preciosa-. Si todos los romances han de venir con un escudo, espero que el poeta me dé muchos más.

[33] *admirado:* aquí, que tiene sorpresa y alegría al ver u oír algo.

Todos se quedaron admirados[33] de la gracia que tenía la gitanilla hablando.

-Lea, señor -dijo ella-, y lea alto. Veremos si escribe bien este poeta.

Y el caballero leyó así:

> Gitanilla, tan hermosa,
> contenta puedes estar,
> que todo el mundo al pasar
> te va llamando Preciosa.

[34] *pieza:* aquí, algo o alguien importante.
[35] *Manzanares:* río que pasa por Madrid.

> Entre gentes tan vulgares
> ¿cómo nació tal belleza?
> O ¿cómo nació tal pieza[34]
> junto al río Manzanares[35]?

[36] *hechicera:* mujer que hace el mal con poderes sobrenaturales.
[37] *nación:* aquí, pueblo gitano.
[38] *hechizo:* algo hecho por una hechicera, generalmente malo. Aquí equivale a poderes, encanto.
[39] *de veras:* de verdad.

> Dicen que son hechiceras[36]
> todas las de tu nación[37],
> pero tus hechizos[38] son
> de mayor fuerza y de veras[39].

> Tú hechizas de cien mil modos
> bien hablando o bien callando,
> ya sea cantando o mirando,
> pero enamoras a todos.

[40] *joya:* objeto de valor. Tesoro.
[41] *humildemente:* con humildad, es decir, sabiendo que es poco importante.

> Preciosa joya[40] de amor,
> esto humildemente[41] escribe

[42] *humilde:* que se cree poco importante.

[43] *amador:* que ama o quiere a alguien.

el que por ti muere y vive,
pobre, aunque humilde[42] amador[43].

-En el último verso el poeta dice que es pobre -dijo en ese momento Preciosa-. ¡Eso no está bien! Los enamorados nunca han de decir que son pobres, porque yo pienso que la pobreza no es amiga del amor.

-¿Quién te enseña eso, niña? -dijo uno.

-Las gitanas aprendemos las cosas antes que las demás gentes -respondió Preciosa-. No hay gitano ni gitana tontos, porque para vivir necesitan ser astutos[44] y mentirosos y por eso se despierta antes su inteligencia.

[44] *astuto:* que engaña a alguien y no se deja engañar.

Con esto que la gitanilla decía tenía admirados a los que la escuchaban y todos le dieron dinero. La vieja contó hasta treinta reales y se fueron todas muy contentas a casa del señor teniente, pero antes les dijo a aquellos señores que volverían otro día.

***

La señora doña Clara, mujer del señor teniente, ya estaba esperando en su casa a las gitanillas, y con ella se juntaron sus criadas y hasta una vecina[45]. Al entrar las gitanas, todas corrieron a mirar y a abra-

[45] *vecina:* que vive cerca, en la misma casa, calle, barrio o pueblo.

zar a Preciosa, que era la más hermosa de todas. Doña Clara decía:

-¡Este cabello parece de oro! ¡Y éstos son ojos de esmeraldas[46]!

[46] *esmeralda:* piedra preciosa de color verde.

Oyó esto un criado que allí estaba, de larga barba y con muchos años, y dijo:

-¡Por Dios, qué linda[47] es la gitanilla! ¿Sabes decir la buenaventura[48], niña?

[47] *linda:* guapa.
[48] *decir la buenaventura:* decirle a alguien el futuro, sobre todo mirando las rayas de la mano.

-De tres o cuatro maneras -respondió Preciosa.

-¿Ah sí? -dijo doña Clara- pues me la has de decir, niña de oro.

-Denle, denle la mano a la niña -dijo la vieja- y verán las cosas que les dice, porque sabe más que un doctor en medicina. Pero necesita una moneda para hacer la cruz sobre la palma[49] de la mano.

[49] *palma:* aquí, parte de la mano hacia la que se cierran los dedos.

La señora del teniente se metió la mano en la bolsa que tenía debajo de la falda y no tenía blanca[50]. Pidió un cuarto a sus criadas, pero nadie tenía, ni la vecina tampoco. Entonces una criada de las que estaban, viendo que en la casa no había dinero, le dijo a Preciosa:

[50] *no tenía blanca:* no tenía dinero. También se dice *quedarse sin blanca.*

[51] *dedal:* objeto generalmente de metal que se pone en el dedo para empujar la aguja al coser.

-Niña, ¿se puede hacer la cruz con un dedal[51] de plata?

Cogió Preciosa el dedal y la mano de la señora del teniente y le dijo la buenaventura cantando un romance. Al acabar, las otras mujeres también quisieron saber la suya, pero ella les dijo que volvería el próximo viernes si tenían reales de plata para hacer las cruces.

En esto vino el señor teniente e hizo bailar un poco a las gitanillas. Después quiso darles algo de dinero, pero no encontró ninguna moneda en su bolsillo y dijo:

-¡Por Dios, que no tengo blanca! Déle usted, doña Clara, un real a Preciosa.

-¡Bueno es esto, señor! No hemos tenido entre todas nosotras un cuarto para hacer la señal de la cruz, ¿y quiere que tenga un real?

-Pues déle alguna otra cosa para que vuelva otro día Preciosa.

Entonces dijo doña Clara:

-Pues ahora no le daré nada, y así volverá otra vez.

-Normalmente, si no me dan nada -dijo Preciosa- nunca más vuelvo al sitio, pero aquí sí volveré, porque me gusta servir[52] a señores tan importantes. Pensaré que no me va a dar nada y así no tendré que esperarlo.

[52] *servir:* aquí, trabajar para alguien.

Se despidieron las gitanas y se fueron. Luego se juntaron con algunas labradoras[53] que salían de Madrid para volver a sus pueblos, porque si iban acompañadas se sentían más seguras.

[53] *labradora:* campesina, mujer que trabaja la tierra.

***

[54] *espada:* arma de metal larga, estrecha y cortante.
[55] *pluma:* aquí, cada una de las partes que cubre el cuerpo de las aves.

Sucedió, pues, que una mañana que volvían a Madrid con algunas gitanillas, en un valle pequeño que está cerca de la ciudad, vieron a un joven muy guapo y muy bien vestido. Llevaba una espada[54] brillante como el oro y un sombrero con plumas[55] de diversos colores. Se pararon las gitanas para mirarle bien. Estaban admiradas de ver a un muchacho tan guapo en ese lugar y a esas horas, a pie y solo.

Él se acercó a ellas y le dijo a la gitana mayor:

-Por su vida, amiga, déjeme hablar con usted y con Preciosa a solas, porque tengo que decirles una cosa que les gustará.

-De acuerdo, pero espero que acabemos pronto -respondió la vieja.

Llamó a Preciosa, se separaron de las otras unos veinte pasos, y así de pie, como estaban, el muchacho les dijo:

[56] *noble:* aquí, persona importante.
[57] *esposa:* aquí, mujer casada.
[58] *burlarse:* reírse de alguien.
[59] *voluntad:* lo que uno quiere o desea.
[60] *señal:* aquí, dinero que se paga adelantado para luego dar más.

-Yo, señoras mías, estoy enamorado de la belleza y discreción de Preciosa, y lo he pensado mucho antes de venir a verlas porque soy caballero e hijo de un noble[56] -y les dijo el nombre de su padre- y espero ser muy rico. Pero aun así, he venido a buscar a Preciosa para hacerla mi esposa[57]. No quiero burlarme[58] de ella, sólo quiero servirla en lo que ella desee: su voluntad[59] es la mía. Mi nombre es éste -y también se lo dijo- y vivo en la casa de mi padre, que es en tal calle; podéis pedir información a los vecinos, y también a los que no son vecinos, porque mi padre es muy conocido en toda la Corte. Aquí traigo cien escudos de oro para daros en señal[60] de lo que más tarde pienso daros, porque el que da su alma no puede negar su dinero.

Mientras el caballero hablaba, Preciosa le miraba atentamente, y no le parecieron mal sus palabras y su aspecto; y volviéndose a la vieja, le dijo:

-Abuela, déjeme que le responda yo a este enamorado señor.

-Responde lo que quieras, nieta -contestó la vieja- porque yo sé que tienes discreción para todo.

V. O. nº 5 en pág 61

Y Preciosa dijo:

**[61]** *promesa:* algo que hará una persona, porque ella misma lo ha dicho.

**[62]** *pasión:* amor muy fuerte.

**[63]** *dudar:* no estar seguro de alguna cosa.

**[64]** *virginidad:* característica de la persona que es virgen, es decir, que no ha hecho el acto sexual.

**[65]** *marchitar:* dejar de ser bonita y joven.

-Yo, señor caballero, soy gitana pobre y humilde, pero ni me admiran las promesas[61], ni los regalos, ni las palabras de amor. Y aunque sólo tengo quince años, ya pienso como una persona mayor, por eso sé que las pasiones[62] de los enamorados desaparecen con rapidez. Si consiguen lo que desean, luego desaparece el deseo y pueden llegar a odiar lo que antes amaban. Por eso dudo[63] de muchas palabras. Sólo tengo una joya, que amo más que a mi vida, y es la virginidad[64], y no la voy a dar por unas promesas o unos regalos, ni me la van a quitar con engaños, porque antes me muero con ella. La virginidad es como una flor: si la cortan, en seguida se marchita[65].

**[66]** *matrimonio:* boda. Unión legal de un hombre y una mujer para vivir juntos.

**[67]** *esposo:* hombre casado con respecto a su mujer.

**[68]** *condición:* cosa necesaria para que pase otra.

Si usted, señor, viene por ella, sólo se la llevará después del matrimonio[66]. Si quiere ser mi esposo[67], yo seré suya, pero tiene que escuchar primero unas condiciones[68]. Primero tengo que saber si es usted el que dice; si esto es verdad, luego tiene que dejar la casa de sus padres y ha de venir a nuestro campamento. Se ha de vestir de gitano y vivir dos años con nosotros. Al cabo de ese tiempo, si sigue amándome y yo también le amo, entonces me entregaré por esposa. Pero mientras tanto seré como su hermana.

El muchacho quedó admirado de las palabras de Preciosa y se puso a mirar hacia el suelo como pensando lo que iba a responder. Viendo esto Preciosa volvió a decirle:

-No hace falta que me responda ahora. Vuelva a la ciudad, señor, y piénselo despacio. Y en este mismo lugar me podrá encontrar todos los días de fiesta que quiera, al ir o venir de Madrid.

Y el caballero respondió:

-Cuando me enamoré de ti, Preciosa, decidí hacer lo que tú me pidieras. Así que si esto es lo que quieres, seré gitano, desde luego. Dime cuándo quieres que venga, que yo engañaré a mis padres diciéndoles que voy a Flandes[69]. Pero una cosa te pido (si es que ya puedo pedirte algo), y es que vayas hoy a Madrid a informarte sobre mí y sobre mis padres, y luego no vuelvas más a la ciudad, porque tengo miedo de que te enamores de otro.

-Eso no, señor -respondió Preciosa-, sepa que yo he de tener siempre libertad, sin que la maten los celos[70]. Piense que yo soy honesta y espero que tenga confianza[71] en mí.

Todo lo que Preciosa decía aumentaba el amor del caballero. Finalmente, quedaron en que al cabo de ocho días se volverían a encontrar en aquel mismo

[69] *Flandes:* región histórica del norte de Europa (Bélgica).

[70] *celos:* miedo a que la persona que se ama quiera a otro.

[71] *tener confianza:* pensar que una persona hará lo que se espera.

lugar. Sacó el muchacho una pequeña bolsa y dijo que en ella había cien escudos de oro; se los dio a la vieja, pero Preciosa no los quería coger. Entonces la gitana le dijo:

[72] *pariente:* persona de la misma familia que otra.
[73] *delito:* algo hecho en contra de la ley.

-Calla, niña, que ésta es la mejor señal que este señor ha dado de estar enamorado. Además, necesitamos el dinero por si la policía coge a alguno de nuestros parientes[72] haciendo algún delito[73].

-Está bien, abuela, pero habrá que darles algo a nuestras compañeras, porque hace mucho que nos esperan y ya deben de estar enfadadas.

[74] *replicar:* decir.
[75] *repartir:* dar una cosa a cada persona.

-Ellas no van a ver ninguna moneda de éstas- replicó[74] la vieja- pero este buen señor seguro que tendrá alguna moneda de plata, o cuartos, y los repartirá[75] entre ellas, que con poco estarán contentas.

-Sí traigo -dijo el joven.

Y sacó del bolsillo tres reales y los repartió entre las tres gitanillas, que quedaron muy contentas y alegres.

Al final, decidieron, como ya hemos dicho, que volverían a encontrarse al cabo de ocho días y que cuando fuese gitano se llamaría Andrés Caballero. Andrés (que así le llamaremos a partir de ahora) las dejó y se fue para Madrid. Ellas, contentísimas, hicieron lo mismo.

\*\*\*

Al entrar en la ciudad, Preciosa se encontró con el paje poeta de los romances y el escudo, y cuando él la vio se acercó a ella diciendo:

-Hola Preciosa, ¿leíste los poemas que te di el otro día?

Y Preciosa respondió:

-Antes de responderle, me ha de decir una cosa, y espero la verdad.

-Claro que sí -dijo el paje- te diré lo que quieras saber.

-Pues quiero que me diga -dijo Preciosa- si es usted de verdad poeta.

-Sí que lo soy -replicó el paje- porque los versos que te di son míos y éstos que te doy ahora también lo son. Pero, ¿por qué me haces esta pregunta, Preciosa?

-Porque yo creía que todos los poetas eran pobres -dijo Preciosa- y me sorprendió ver aquel escudo que me dejó entre los versos.

-Pues yo no soy poeta rico, pero tampoco pobre -replicó el paje-, así que bien puedo dar un escudo, o dos, a quien quiera. Ten, preciosa perla[76], este segundo papel y este segundo escudo que van con él, y no pienses más si soy poeta o no.

Así que le dio el papel y Preciosa lo cogió. Pero al ver que dentro venía otro escudo le dijo:

-Quédese el escudo, señor paje, porque yo le quiero a usted como poeta y como amigo, y la amistad no se paga con dinero.

-Entonces -replicó el paje- devuélveme el escudo, Preciosa, y si lo tocas con la mano lo guardaré siempre como un recuerdo tuyo.

Preciosa sacó el escudo del papel y se quedó con el papel, pero no lo quiso leer en la calle. El paje se despidió y se fue muy contento, pensando que Preciosa estaba enamorada de él.

Y como ella quería buscar la casa del padre de Andrés, no se paró a bailar en ningún sitio y encontró en seguida la calle que buscaba. Al llegar vio que en el balcón[77] de la casa había un caba-

[76] *perla:* aquí, persona muy querida.

[77] *balcón:* hueco abierto en la pared de una casa, con una reja para apoyarse. Es diferente de una ventana porque empieza desde el suelo y sobresale de la pared.

[78] *hábito de cruz colorada:* traje que llevan los hombres de la orden de Santiago o de Calatrava. Estas órdenes son organizaciones religiosas y militares constituidas por nobles y caballeros importantes. Al principio se crearon para luchar contra los no católicos. Eran cuatro: las de Santiago, Calatrava, Alcántara y Montesa.

[79] *perder el color de la cara:* aquí, ponerse blanco por el miedo, asustarse.

[80] *anciano:* persona que tiene muchos años.

llero de unos cincuenta años, con un hábito de cruz colorada[78] en el pecho, y que al ver a la gitanilla dijo:

-Subid, niñas, que aquí os darán limosna.

Entonces salieron al balcón otros tres caballeros, y entre ellos vino el enamorado Andrés, que al ver a Preciosa perdió el color de la cara[79]. Subieron las gitanillas excepto la vieja, porque se quedó abajo para preguntarles a los criados cosas sobre Andrés.

Al entrar las gitanillas en la casa, el caballero anciano[80] estaba diciendo a los demás:

-Ésta debe de ser la gitanilla hermosa que anda por Madrid.

-Ella es -replicó Andrés- y además es la mujer más hermosa del mundo.

-Eso dicen -dijo Preciosa, que lo había oído todo- pero no creo ser tan hermosa.

-Mi hijo Juan tiene razón -dijo el anciano- sois más guapa de lo que dicen.

-¿Y quién es su hijo Juan? -preguntó Preciosa.

-Ese joven que está a tu lado -respondió el caballero.

En esto, las tres gitanillas que iban con Preciosa se fueron hacia un rincón[81] para no ser oídas y Cristina dijo:

[81] *rincón:* aquí, lugar que está más lejos.

-Muchachas, éste es el caballero que nos dio esta mañana los tres reales.

-Es verdad -respondieron las otras-, pero no digamos nada, porque quizás él no quiere que se sepa.

Mientras ellas hablaban, Preciosa miró a don Juan y dijo:

[82] *adivinar:* saber algo sin haberlo visto.
[83] *prometer:* hacer promesas.
[84] *mentiroso:* que no dice la verdad.

-Lo que veo con los ojos, con el dedo lo adivino[82], y sé que el señor don Juan se enamora con facilidad y promete[83] cosas imposibles y quizás es un poco mentiroso[84]. También veo que ha de hacer un viaje muy lejos de aquí. Y ahora dénos una limosna.

A esto respondió don Juan, o sea Andrés Caballero:

[85] *dar (una) palabra:* prometer.
[86] *dama:* señora.

-En verdad, gitanilla, que has adivinado muchas cosas de mí, pero no soy mentiroso. La palabra que yo doy[85] en el campo la cumpliré en la ciudad. Mi padre te dará limosna porque esta mañana di todo lo que tenía a unas damas[86] que eran muy hermosas.

Al oír esto las otras gitanillas, una les dijo a las demás:

-¡Ay, niñas, seguro que eso lo dice por los tres reales que nos dio esta mañana! Pero parece que ahora no nos dan nada ni nos van a hacer bailar.

En ese momento el padre de don Juan dijo:

-Preciosa, baila un poco con tus compañeras y os daré este doblón de oro.

[87] *sonajas:* pequeños aros de metal que suenan al chocar entre sí.

Entonces Preciosa cogió las sonajas[87] y se puso a bailar con las otras gitanillas, con tanta gracia que todos las miraban con alegría. Pero de repente a Preciosa se le cayó al suelo el papel que le había dado el paje y uno de los caballeros lo cogió y dijo:

-¡Bueno! ¡Esto es un poema! Parad el baile y escuchadlo, porque parece que no es malo.

[88] *panderete:* instrumento musical muy popular en España. Está formado por una circunferencia de piel con un aro de madera con sonajas.

Preciosa le pidió que no lo leyese y se lo devolviese, lo cual aumentó el deseo de Andrés por oírlo. Al final, el caballero lo leyó en voz alta, y empezaba así: «Cuando Preciosa el panderete[88] toca...».

V. O. nº 9 en pág. 62

[89] *desmayarse:* perder el conocimiento y caerse.

Como eran versos de amor, Andrés sintió grandes celos y casi se desmayó[89]. Al verlo su padre, le dijo:

-¿Qué te pasa, don Juan? Parece que te vas a desmayar.

-Esperen -dijo entonces Preciosa- déjenme decirle unas palabras al oído y verán como no se desmaya.

Se acercó a él y le dijo en voz baja:

-Si quiere ser gitano, no debe asustarse de lo que diga un papel.

Después le hizo unas cuantas cruces sobre el corazón y se apartó de él. Entonces Andrés respiró un poco y dijo que las palabras de Preciosa le habían curado.

Finalmente, el padre de Andrés le dio a Preciosa el doblón, pero quiso saber las palabras que le había dicho a don Juan. La gitanilla las dijo en voz alta:

[90] *tenerse:* quedarse derecho.
[91] *resbalar:* caer.
[92] *milagrosa:* que ocurre sin explicación natural.
[93] *gigante:* grande, importante.

> Cabecita, cabecita,
> tente[90] en ti, no te resbales[91].
> Verás cosas
> que casi son milagrosas[92],
> Dios delante
> y San Cristóbal gigante[93].

[94] *asombrado:* que ha tenido una sorpresa.
[95] *ingenio:* inteligencia.

Andrés quedó asombrado[94] de ver que no eran las mismas que él había escuchado y se alegró del ingenio[95] de Preciosa.

Se despidieron las gitanas y se fueron contentísimas con el doblón, que lo cambiaron por monedas más pequeñas y lo repartieron, aunque la vieja siempre se llevaba la mayor parte.

\*\*\*

[96] *mulo:* animal nacido por el cruce de un caballo y un burro.

[97] *barraca:* aquí, casa de los gitanos. Se puede poner y quitar fácilmente para llevársela a otro lugar.

[98] *descubierto:* aquí, encontrado por alguien que le conoce.

Llegó, por fin, el día en que Andrés Caballero se encontró con Preciosa y su abuela en el mismo lugar de la primera vez. Iba en una mula[96] y sin ningún criado. Lo llevaron al campamento de los gitanos y le hicieron pasar a una de las barracas[97], donde fueron a verle diez o doce gitanos, a quienes la vieja ya les había explicado toda la historia. Al ver la mula, uno de ellos dijo que era muy buena para venderla, pero Andrés respondió que no se vendería, sino que tenían que matarla porque si no él podría ser descubierto[98].

[99] *ceremonia:* cosas que se hacen con solemnidad, siguiendo unas reglas.

[100] *cinta:* pieza de tela larga y estrecha.

Pensaron matarla por la noche y el resto del día se hicieron las ceremonias[99] de la entrada de Andrés a ser gitano, que fueron: vaciaron una de las mejores barracas del campamento y la llenaron de ramas y flores; luego pusieron a Andrés en el centro y le hicieron dar dos saltos en el aire mientras unos gitanos tocaban la guitarra. Después le quitaron la ropa y le dieron dos vueltas muy despacio con una cinta[100] de seda verde nueva y un palo.

V. O. nº 11 en pág. 63

Andrés era tan guapo que casi todas las gitanas, jóvenes o viejas, lo miraban con amor. Después de todas estas ceremonias, un gitano viejo cogió de la mano a Preciosa, se puso delante de Andrés y le dijo:

[101] *incesto:* relación sexual entre familiares.
[102] *adulterio:* relación sexual de una persona con otra que no es su esposo o esposa.
[103] *castigar:* hacer pagar a alguien un error o delito.
[104] *ley:* regla, norma para actuar en un lugar concreto.
[105] *justicia:* aquí, policía.

-Te damos por esposa o por amiga a esta muchacha, que es la más hermosa de todas las gitanas que viven en España. Mírala bien y mira si te gusta, porque puedes escoger a otra si tú quieres. Pero has de saber que una vez escogida, no la has de dejar por otra. Entre nosotros los gitanos hay muchos incestos[101], pero no hay ningún adulterio[102]; y cuando lo hace una mujer, la castigamos[103] con la muerte. Éstas son nuestras leyes[104] y nunca vamos a la justicia[105], porque vivimos libres y alegres.

Nuestros son los campos, las montañas, las fuentes y los ríos. Nos gusta vivir en estas barracas y en estos campamentos con los que vamos de un lugar a otro. Somos gente que vivimos en libertad, de día trabajamos y de noche robamos, por eso siempre tenemos lo que queremos.

Todo esto te he dicho, buen muchacho, para que sepas la vida que vas a llevar con nosotros, aunque hay muchas otras cosas que irás viendo con el tiempo.

Se calló el viejo gitano y Andrés dijo que se alegraba mucho de unirse a ellos y que le gustaba más aquella alegre vida de los gitanos que la vida de caballero.

Entonces Preciosa respondió:

-Según las leyes de estos señores, yo soy tuya, pero no quiero serlo si no es con las condiciones que te dije antes de venir aquí. Has de vivir dos años en nuestra compañía, para que estés seguro de que quieres quedarte conmigo. Estos señores pueden entregarte mi cuerpo, pero no mi alma, que es libre y nació libre. Porque yo no estoy de acuerdo en que estos mis parientes puedan dar a las mujeres por esposas o castigarlas cuando quieran.

-Tienes razón, ¡oh, Preciosa!- dijo en ese momento Andrés-, y haré lo que tú digas. Pero pido una sola cosa a estos señores, y es que no me fuercen[106] a robar por lo menos durante un mes, porque no sé ser ladrón y necesito aprender.

[106] *forzar:* obligar.

-Calla, hijo -dijo el gitano viejo-, que aquí te enseñaremos a robar y después te gustará mucho hacerlo.

Después comieron y al llegar la noche mataron a la mula y la enterraron, de manera que Andrés se quedó más tranquilo.

Otro día les pidió que cambiasen de sitio y se alejasen de Madrid, porque tenía miedo de ser conocido si seguía por allí. Ellos dijeron que ya habían pensado irse, así que levantaron el campamento y le dieron a Andrés un burro para viajar en él, pero el muchacho quiso ir a pie junto a Preciosa que iba en otro burro.

\*\*\*

Al cabo de cuatro días llegaron a un pequeño pueblo cerca de Toledo[107], donde pusieron el campamento. Después todas las gitanas viejas, y algunas jóvenes, y los gitanos se fueron por todos los lugares. Andrés les acompañó para aprender a robar, pero en vez de hacerlo, sentía pena por los robos de sus compañeros y a veces pagaba con su dinero a las personas que robaban. Los gitanos, al ver esto, se enfadaban con él, porque lo que hacía iba en contra de sus leyes.

Entonces Andrés decidió que iría a robar solo, sin la compañía de nadie. Los gitanos le dijeron que esto era peligroso[108], pero a él no le importó porque pensaba que así podría comprar cosas y luego decir que las había robado. De esta manera, en menos de un mes trajo más cosas que cualquiera de los otros ladrones.

[107] *Toledo:* ciudad de Castilla, en el centro de España.

[108] *peligroso:* que puede causar daño o traer algo malo.

[109] *desgracia:* hecho malo, que hace daño o trae algo malo.

[110] *coloquio:* conversación.

Preciosa estaba muy contenta de ver a su amante tan guapo y tan buen ladrón, aunque también tenía miedo de que le pasase alguna desgracia[109] yendo solo. Tenían siempre los dos largos coloquios[110], y cada vez estaban más enamorados el uno del otro.

[111] *bolo:* objeto de madera que se pone de pie y hay que tirarlo al suelo con una pelota.

[112] *barra:* aquí, objeto largo y delgado que se tira para ver la fuerza del brazo.

[113] *famoso:* que tiene fama, que es muy conocido.

En todo lo que hacían los gitanos, Andrés era el mejor: corría y saltaba más que ninguno, jugaba muy bien a los bolos[111] y a la pelota, tiraba la barra[112] con mucha fuerza. Así que en poco tiempo se hizo famoso[113] por todos los lugares adonde iban.

[114] *Extremadura:* región del suroeste de España. Sus provincias son Cáceres y Badajoz.

Poco más de un mes estuvieron por las tierras de Toledo, y desde allí se fueron a Extremadura[114]. En todas partes se hablaba del gitano Andrés Caballero y de las cosas que hacía, y a la vez también era famosa la hermosura de la gitanilla. Por eso, en todos los pueblos y ciudades los llamaban para verlos cantar y bailar en sus fiestas. De esta manera, los gitanos ganaban mucho dinero e iban felices y contentos, y los amantes, alegres, con sólo mirarse.

V. O. nº 13 en pág. 64

*\*\*\**

Una noche oyeron ladrar a los perros más de lo normal. Salieron algunos gitanos, y con ellos Andrés, para ver a quién ladraban, y vieron que se defendía[115] de ellos un hombre vestido de blanco, a quien dos perros tenían cogido de una pierna. Lle-

[115] *defenderse:* aquí, pelearse con quien quiere hacerte daño.

garon, quitaron a los perros y uno de los gitanos le dijo:

-¿Quién diablos le trajo por aquí, hombre, a estas horas y tan lejos del camino? ¿Es que viene a robar?

[116] *venta:* aquí, hotel y restaurante de la época.
[117] *curar:* hacer que un enfermo se ponga bien o no tenga heridas.
[118] *herida:* daño en la piel hecho por un golpe, corte, etc.

-No vengo a robar -respondió el hombre-, lo que pasa es que me he perdido. Pero díganme, señores, ¿hay por aquí alguna venta[116] o lugar donde pueda dormir esta noche y curarme[117] las heridas[118] de sus perros?

-Aquí no hay ninguna venta -respondió Andrés-, pero para curar sus heridas y dormir esta noche, puede quedarse en nuestro campamento. Venga con nosotros, que, aunque somos gitanos, tenemos caridad[119].

[119] *caridad:* sentimiento que lleva a una persona a querer a los demás y ayudarles.

-Muchas gracias -respondió el hombre- y llévenme donde quieran, que el dolor de esta pierna no me deja andar.

Se acercó a él Andrés y otro gitano y entre los dos le llevaron.

La noche era clara con la luz de la luna y pudieron ver que el hombre era joven, y de aspecto agradable. Llegaron a la barraca de Andrés y encendieron un poco de fuego, y en seguida llamaron a la abuela de Preciosa para curar al herido. Ésta le lavó con vino las heridas; luego le puso algunos pelos de los perros, aceite, un poco de romero[120] y unas telas limpias y le dijo que no era grave.

[120] *romero:* hierba que su utiliza para curar.

Mientras curaban al herido, estuvo Preciosa delante mirándole con mucha atención, y lo mismo hacía él a ella. Andrés vio cómo el joven la miraba y pensó que era por la hermosura de la gitanilla. Finalmente, después de curarlo, lo dejaron solo y por el momento no quisieron preguntarle nada de adónde iba ni de otra cosa.

Al quedarse solos, Preciosa le dijo a Andrés:

-¿Te acuerdas de un papel que se me cayó en tu casa cuando bailaba con mis compañeras, y que te hizo pasar un mal rato?

-Sí me acuerdo -respondió Andrés-, era un poema de amor para ti, y no malo.

-Pues has de saber, Andrés -replicó Preciosa-, que ese joven mordido[121] que dejamos en la barraca es el que me hizo aquel poema. Estoy segura, porque hablé con él dos o tres veces en Madrid y, además de aquel poema, ya me había dado otro antes también muy bueno. Creo que es el paje de algún príncipe, y por eso no me imagino por qué ha venido hasta aquí y vestido de esa manera.

[121] *mordido:* aquí, que los perros le han hecho daño con los dientes.

-¿No te lo imaginas, Preciosa? -respondió Andrés-. Sólo puede ser el mismo amor que a mí me ha hecho gitano. ¡Ah, Preciosa, Preciosa, ya veo que te gusta tener más de un enamorado! Y si esto es así, es mejor que me mates ahora mismo.

-¡Dios mío, Andrés, -respondió Preciosa- qué celoso eres! Dime, si esto fuera verdad, ¿crees que te hubiera dicho quién era este joven? Calla, Andrés, por tu vida, y mañana pregúntale adónde va y a qué viene. Y si quieres le dices que se vaya del campamento y te prometo que no me volverá a ver ni él ni ningún otro hombre si tú no quieres.

-Haré lo que me pides y sabré qué es lo que este señor paje poeta quiere, dónde va, o qué es lo que busca.

Con esto se despidieron, y Andrés se quedó esperando el día para hablar con el herido. Él seguía pensando que aquel paje había venido hasta allí por la hermosura de Preciosa, pero por otra parte sabía que ella le había dicho la verdad.

Llegó el día y visitó al mordido. Primero le preguntó cómo estaba y si todavía le dolían las heridas; después le preguntó cómo se llamaba y adónde iba, y por qué caminaba tan tarde y tan lejos del camino. A esto le respondió el joven que estaba mejor y sin dolor alguno, de manera que podía seguir su camino. Luego le dijo que se llamaba Alonso Hurtado y que iba a Nuestra Señora de la Peña de Francia[122]. También le dijo que caminaba de noche porque quería llegar pronto, y por eso se había perdido.

[122] *Nuestra Señora de la Peña de Francia:* santuario, o lugar sagrado, en la provincia de Salamanca (comunidad de Castilla-León).

A Andrés le pareció que no decía la verdad, y de nuevo le dijo:

[123] *legua:* medida antigua de longitud que, en tierra, corresponde a 5.572 m.
[124] *secreto:* algo que no hay que decir a nadie.

-Hermano, yo no quiero saber quién es usted, cómo se llama o adónde va, pero me parece que miente. Dice que va a la Peña de Francia, y ya la ha dejado atrás por lo menos treinta leguas[123]; dice que quiere llegar pronto y camina de noche entre los bosques, donde no hay caminos. Amigo, levántese y váyase, y si quiere mentir, primero aprenda a hacerlo. Pero antes, al menos, dígame una verdad: ¿es usted un paje poeta que yo he visto muchas veces en la Corte y que hizo unos poemas para una gitanilla muy hermosa que estuvo en Madrid hace unos días? Dígamelo, que yo prometo guardarle el secreto[124]. Yo creo que usted está enamorado de Preciosa, aquella hermosa gitana a la que le hizo los versos, y por eso ha venido a buscarla. Si esto es así, aquí está la gitanilla.

-Sí, aquí está, que yo la vi anoche -dijo el mordido-. Pero no quise decirle quién era, porque no era bueno para mí.

-De esa manera -dijo Andrés- usted es el poeta que yo he dicho.

-Sí soy -replicó el joven-, no lo puedo ni lo quiero negar.

-Entonces -respondió Andrés- dígame lo que quiere, porque la gitanilla es parienta mía y ella hará lo que digamos yo y todos sus parientes. Si la quiere por esposa o por amiga se la daremos, siempre que tenga usted dinero.

-Dinero traigo -respondió el muchacho-. Aquí tengo cuatrocientos escudos de oro.

[125] *susto:* sensación de miedo.

Éste fue otro susto[125] mortal que se llevó Andrés, porque si traía tanto dinero era para enamorar a Preciosa. Y dijo:

-Buena cantidad es ésa, así que vamos a decírselo a la muchacha y ella querrá irse con usted.

-¡Ay amigo! -dijo entonces el joven-. Quiero que sepa que yo no he venido por amor, ni por Preciosa. He llegado aquí por una desgracia mía.

Con esto que decía el joven, Andrés se iba tranquilizando, porque veía que estaba equivocado sobre lo que aquel hombre venía a buscar. Y éste siguió diciendo:

-Yo estaba en Madrid en casa de un conde[126], a quien servía como criado. Éste tenía un hijo único, y como era de mi edad, teníamos una gran amistad. Ocurrió que este caballero se enamoró de una mujer muy importante; y una noche pasábamos los dos por la puerta de la casa de esta señora, y vimos junto a ella a dos hombres de buen aspecto. Mi amigo les preguntó quiénes eran, pero ellos sacaron rápidamente las espadas y nos atacaron. La lucha duró poco, porque los matamos a los dos.

Volvimos a casa asustados, cogimos algo de dinero y nos fuimos a la iglesia para escondernos durante aquella noche. Después nos dijeron que una criada de la señora había dicho a los policías que mi amigo el conde paseaba[127] a su señora de noche y de día; por eso fueron a buscarnos, pero no nos encontraron. Así se supo en toda la Corte que nosotros habíamos matado a aquellos dos caballeros.

[127] *pasear:* andar despacio para distraerse; aquí, cortejar, intentar conseguir a alguien.

Finalmente, al cabo de quince días de estar escondidos en aquel monasterio[128], mi amigo y yo salimos, vestidos de fraile[129], con la idea de ir a Italia. Pero yo seguí otro camino y me separé de él. Desde entonces he caminado solo sin saber adónde hasta que anoche llegué aquí. Y si dije que iba a la Peña de Francia fue por responder algo, porque no sé ni dónde está.

[128] *monasterio:* edificio donde viven personas religiosas.
[129] *fraile:* hombre religioso que vive en un monasterio.

Yo pensaba ir a Sevilla, donde conozco a un caballero genovés[130], gran amigo del conde, que me ayudará a irme a Italia. Y ésta es, buen amigo, mi historia. Por eso dije antes que he llegado aquí más por la desgracia que por los amores. Pero si estos señores gitanos quieren llevarme con ellos hasta Sevilla yo se lo pagaría muy bien, porque así iría más seguro, no con el miedo que tengo.

-Sí le llevarán -respondió Andrés-, sólo con darles algo de su dinero.

Andrés le dejó y fue a contarles a los demás gitanos la historia del joven y lo que quería hacer. Como supieron que tenía dinero, a todos les pareció bien que se quedase con ellos. Llamaron al muchacho y le dijeron que le esconderían todo el tiempo que él quisiese, pero que no irían a Sevilla, sino a Murcia. El joven se puso contento, pues Murcia estaba cerca de Cartagena[131], y desde allí podría coger un barco para ir a Italia. Dio cien escudos de oro para que los repartieran entre todos, y con este regalo los gitanos quedaron muy contentos con el muchacho, al que llamaron Clemente desde allí en adelante, aunque su verdadero nombre era don Sancho.

A Preciosa no le pareció bien que Clemente se quedase con ellos, por lo que Andrés se hizo muy amigo suyo para poder estar cerca de él y mirar lo que

[130] *genovés:* persona de la ciudad de Génova (Italia).

[131] *Cartagena:* ciudad de la costa en la provincia de Murcia (Comunidad valenciana).

LECTURAS CLÁSICAS GRADUADAS          40

hacía y lo que pensaba. Andaban siempre juntos, gastaban mucho dinero, corrían, saltaban, bailaban y tiraban la barra mejor que nadie, así que las gitanas los querían mucho y los gitanos los respetaban[132].

[132] *respetar:* tratar muy bien a alguien.

***

Dejaron, pues, Extremadura y poco a poco fueron yendo hacia Murcia. En todo este tiempo, más de mes y medio, Clemente nunca habló con Preciosa. Pero un día estaban los tres juntos y Preciosa le dijo:

-Desde el primer día que llegaste al campamento te conocí, Clemente, y me acordé de los versos que me diste en Madrid. No quise decir nada, porque no sabía para qué habías venido. Cuando supe tu desgracia sentí mucha pena, pero también me tranquilicé, porque pensé que estabas enamorado de mí y querías volverte gitano como ha hecho Andrés. Te digo esto porque sé que Andrés te ha contado toda su historia, y sólo te pido que no le digas que ha hecho mal, porque yo le amo y no quiero que se arrepienta[133].

[133] *arrepentirse:* sentir pena por haber hecho algo.

A esto respondió Clemente:

-Preciosa, yo quiero que vuestro amor tenga un final feliz y que algún día podáis estar juntos con la con-

[134] *conformidad:* acuerdo.

formidad[134] de sus padres. Eso deseo y eso le diré siempre a tu Andrés.

[135] *intención:* voluntad.
[136] *prudencia:* cuidado para que no pase algo malo.

Andrés y Clemente, pues, siguieron siendo grandes amigos gracias a la buena intención[135] de Clemente y a la prudencia[136] de Preciosa, que no dio nunca ocasión para que Andrés tuviera celos.

\*\*\*

[137] *mesón:* hotel y restaurante de la época.
[138] *viuda:* mujer a la que se le ha muerto el marido.
[139] *corral:* lugar donde se guardan los animales.

Una mañana se levantó el campamento y se fueron a un lugar cerca de Murcia, donde le pasó a Andrés una desgracia en la que estuvo a punto de perder la vida. Y fue que Preciosa, su abuela, otras gitanillas y los dos, Andrés y Clemente, se quedaron a dormir en un mesón[137] de una viuda[138] rica. Esta señora tenía una hija de unos diecisiete años, llamada Juana Carducha. Ésta se enamoró de Andrés tan fuertemente que pensó decírselo y pedirle por esposo. Así que en un momento que lo encontró a solas en un corral[139] se acercó a él y le dijo:

-Andrés, yo soy soltera y rica, mi madre tiene este mesón, dos casas y unas tierras. Me gustas mucho y si nos casamos podremos llevar una buena vida.

Andrés quedó admirado de las palabras de la Carducha y le respondió:

-Señora, yo ya me voy a casar, y además los gitanos sólo nos casamos con gitanas. Muchas gracias por lo que me pide, pero yo no soy bueno para usted.

[140] *vengarse:* hacer daño a alguien que antes le ha hecho daño a uno.

[141] *obedecer:* hacer lo que dice otra persona.

La Carducha casi se cayó muerta por la respuesta de Andrés y no pudo seguir hablando porque entraron en el corral otras gitanas. Se fue muy enfadada y con ganas de vengarse[140]. Andrés pensó que lo mejor era irse de allí y pidió a todos los gitanos que por la noche se fuesen de aquel lugar. Ellos así lo hicieron, porque siempre le obedecían[141].

La Carducha, al ver que Andrés se le iba, pensó hacerle quedar a la fuerza, y con maldad puso entre las cosas de Andrés algunas joyas suyas, y nada más salir del mesón empezó a dar voces diciendo que aquellos gitanos le habían robado sus joyas. Entonces llegó la policía y toda la gente del pueblo.

V. O. nº 15 en pág. 64

[142] *jurar:* asegurar, prometer.

Los gitanos se pararon y juraron[142] que no llevaban ninguna cosa robada y que enseñarían todos los sacos que tenían. Pero la Carducha dijo que mirasen el de aquel gitano tan bailador, que ella lo había visto entrar en su habitación dos veces. Entendió Andrés que lo decía por él y, riéndose, dijo:

-Señora, éste es mi burro y sobre él están mis cosas. Si usted encuentra entre ellas lo que le falta, yo le pagaré siete veces más de lo que valen o la justicia me castigará como a un ladrón.

Fueron luego los policías a mirar el burro y en seguida encontraron las joyas robadas. Andrés se quedó tan asustado que no pudo ni hablar.

-¿Ven como yo tenía razón? -dijo entonces la Carducha.

[143] *alcalde:* persona que manda en un pueblo o ciudad.
[144] *traición:* acción de una persona que engaña o hace mal a un amigo.

El alcalde[143], que estaba allí, comenzó a hablar mal de Andrés y de todos los gitanos, llamándolos ladrones delante de la gente. Andrés estaba callado y sorprendido, sin darse cuenta todavía de la traición[144] de la Carducha. Entonces se acercó a él un soldado, pariente del alcalde, diciendo:

[145] *bofetada:* golpe en la cara con la mano abierta.

-Mirad cómo se ha quedado el gitano ladrón, seguro que todavía niega el robo. Tengo ganas de darle una bofetada[145] y que se caiga a mis pies.

[146] *cólera:* gran enfado.

Y diciendo esto, sin más, levantó la mano y le dio una bofetada tan grande que le hizo acordarse de que no era Andrés Caballero, sino don Juan y caballero. Se fue hacia el soldado rápidamente con gran cólera[146], le cogió su misma espada y se la metió en el cuerpo, dejándole muerto en tierra.

Entonces todo el pueblo empezó a gritar, el alcalde se enfadó, Preciosa se desmayó, Andrés se puso

[147] *confusión:* aquí, ruido y falta de orden.

[148] *cadena:* conjunto de aros de metal unidos entre sí.

[149] *ahorcar:* matar a una persona colgándola por el cuello con una cuerda.

[150] *cárcel:* edificio donde la policía mete a las personas que han hecho algo malo.

[151] *huir:* irse muy deprisa de un lugar por miedo.

muy nervioso y crecieron la confusión[147] y los gritos. Finalmente, todos los policías se fueron hacia Andrés y lo ataron con dos grandes cadenas[148]. El alcalde lo quería ahorcar[149] en ese momento, pero no tenía poder para hacerlo. Debía llevarlo a Murcia y lo encerraron en la cárcel[150] hasta el día siguiente. Además, el alcalde cogió a todos los gitanos y gitanas que pudo, porque muchos huyeron[151], y entre ellos Clemente.

[152] *Corregidora:* mujer del Corregidor, el alcalde.

[153] *marido:* esposo. Hombre casado con respecto a su mujer.

Finalmente, llevaron a Andrés, a Preciosa y a otros gitanos a Murcia. Al entrar en la ciudad, todo el mundo salió a verlos, pues ya se conocía la muerte del soldado. Pero la hermosura de Preciosa era tan grande aquel día que todos la miraban y la bendecían. La noticia de su belleza llegó a oídos de la señora Corregidora[152] y quiso verla; así que le pidió a su marido[153] el Corregidor que la trajese a su casa y no la metiese en la cárcel.

V. O. nº 17 en pág. 65

[154] *calabozo:* cárcel debajo de la tierra; normalmente, casi sin luz y sucia.

A Andrés lo pusieron en un calabozo[154] estrecho y oscuro y a Preciosa la llevaron con su abuela a casa de la Corregidora. Ésta dijo al verla:

-Con razón dicen que es hermosa.

[155] *tiernamente:* con mucho cariño.

La abrazó tiernamente[155] y no se cansaba de mirarla. Le preguntó a su abuela qué edad tenía esa niña.

-Quince años -respondió la gitana-, dos meses más o menos.

-Ésos tendría ahora mi Constanza. ¡Ay, amigas, que esta niña me ha recordado mi desgracia!- dijo la Corregidora.

Cogió entonces Preciosa las manos de la Corregidora, se las besó muchas veces y le dijo:

<sup>156</sup> *preso:* que está en la cárcel.

<sup>157</sup> *tener culpa:* haber hecho algo malo.

<sup>158</sup> *prisa:* necesidad, deseo de hacer algo rápidamente.

<sup>159</sup> *recibir el perdón:* aquí, no ser castigado.

-Señora mía, el gitano que está preso[156] no tiene culpa[157]. Lo hizo porque le dieron una bofetada y le llamaron ladrón sin serlo. Por Dios, señora, dígale al señor Corregidor que no tenga prisa[158] en ahorcarlo, porque ha de ser mi esposo y sin él yo no puedo vivir. Si es necesario dinero para recibir el perdón[159] venderemos todo lo que hay en el campamento y daremos incluso más de lo que pidan. Señora mía, si sabe lo que es amor, y ahora lo tiene en su esposo, ayúdeme, pues yo amo tiernamente al mío.

Mientras le decía todo esto, no le soltó las manos ni dejó de mirarla con lágrimas en los ojos. De la misma manera, la Corregidora la tenía a ella cogida de las suyas y también lloraba. De repente, entró el Corregidor y se quedó sorprendido de ver a su mujer y a Preciosa tan abrazadas y llorando. Preguntó qué pasaba y la respuesta de Preciosa fue soltar las manos de la Corregidora y cogerse a los pies del Corregidor, diciéndole:

[160] *misericordia:* pena que tiene alguien por otro y le lleva a ayudarle.

-¡Señor, misericordia[160], misericordia! ¡Si mi esposo muere, yo soy muerta! Él no tiene culpa, dénos tiempo para que salga la verdad.

Todavía más sorprendido quedó el Corregidor de oír a la gitanilla. Y mientras esto pasaba, la gitana vieja estaba pensando en muchas e importantes cosas; y de repente dijo:

-Espérenme un momento, señores míos, que yo haré que estas lágrimas se vuelvan risas, aunque a mí me maten.

Y así, rápidamente, se fue. Allí se quedaron los tres pensando en lo que había dicho la vieja. Mientras ella volvía, Preciosa no dejó de llorar y de pedir misericordia para su esposo. Volvió la gitana con una pequeña caja debajo del brazo, y dijo al Corregidor y a su mujer que entrasen con ella en otra habita-

[161] *en secreto:* a solas para que nadie más lo sepa.

ción, para contarles en secreto[161] cosas muy importantes. Entonces se fueron a otra habitación y la gitana les dijo:

-Yo hice una cosa muy mala y aquí estoy para recibir el castigo, pero antes de decirles mi secreto, quiero que me digan, señores, si conocen estas joyas.

Abrió la caja en la que venían las joyas de Preciosa y se las dio al Corregidor. Las miraron los dos y la Corregidora dijo:

[162] *criatura:* aquí, niño muy pequeño. Bebé.

-Éstas son cosas de alguna pequeña criatura[162].

-Así es -dijo la gitana- y en este papel está escrito el nombre de esa criatura.

Lo abrió deprisa el Corregidor y leyó lo que decía:

«La niña se llamaba doña Constanza de Azevedo y de Meneses; su madre, doña Guiomar de Meneses, y su padre, don Fernando de Azevedo, caballero de la orden de Calatrava[163]. Me la llevé el día de la Ascensión del Señor, a las ocho de la mañana, del año 1595. La niña llevaba puestas las joyas que están guardadas en esta caja.»

[163] *caballero de la orden de Calatrava:* ver nota 78.

[164] *reconocer:* aquí, ver una cosa y decir que ya se conocía.

Nada más oír estas palabras, la Corregidora reconoció[164] las joyas, se las puso en la boca, empezó a darles muchos besos y se desmayó. Fue el Corregidor hacia ella y al despertarse dijo:

-Mujer buena, ¿dónde está la criatura que llevaba estas joyas?

-¿Adónde, señora? -respondió la gitana- En su casa la tiene: las joyas las llevaba aquella gitana que le hizo llorar, y ella es sin duda su hija, porque yo la robé en Madrid de su casa el día y hora que dice ese papel.

[165] *desabrochar:* soltar los botones.

[166] *teta:* pecho, generalmente se dice del de las hembras.

[167] *señal:* aquí, pequeño dibujo en la piel.

[168] *confirmar:* afirmar otra vez algo que no era seguro.

Al oír esto la señora, soltó las joyas y salió corriendo a la habitación donde había dejado a Preciosa y la encontró todavía llorando. Se fue hacia ella, y sin decirle nada, rápidamente le desabrochó[165] el vestido y miró si tenía debajo de la teta[166] izquierda una señal[167] pequeña con la que había nacido, y la encontró ya grande. Luego, también muy deprisa, le quitó un zapato y vio en el pie derecho lo que buscaba: los dos dedos últimos estaban unidos por un poquito de carne. La señal del pecho, los dedos, las joyas, el día señalado del robo y la alegría que tuvieron los padres al verla, confirmaron[168] en el alma de la Corregidora que Preciosa era su hija.

[169] *confusa:* que no sabe lo que pensar.

Preciosa estaba confusa[169], porque no sabía lo que pasaba y doña Guiomar le dijo a su marido:

-Ésta es su hija Constanza, señor, y no lo dude, porque he visto la señal de los dedos juntos y la del pecho. Y además lo sentí en mi alma desde el primer momento en que mis ojos la vieron.

-No lo dudo -respondió el Corregidor, cogiendo en sus brazos a Preciosa-, pues lo mismo he sentido yo al verla.

V. O. nº 19 en págs. 65-66

[170] *perdonar:* no castigar a alguien por haber hecho una cosa mala.

[171] *homicida:* persona que ha matado a otra.

El Corregidor dijo a su mujer, y a su hija, y a la gitana vieja, que aquello debía guardarse en secreto por el momento; y asimismo le dijo a la vieja que él la perdonaba[170], porque era muy grande la alegría que sentía de volverla a tener otra vez, pero le daba mucha pena que la hubiese casado con un gitano ladrón y homicida[171].

-¡Ay! -dijo a esto Preciosa-, señor mío, que ni es gitano ni ladrón. Mató a un hombre porque le llamó ladrón y le pegó.

-¿No es gitano, hija mía? -dijo doña Guiomar.

[172] *caballero de la orden de Santiago:* ver nota 78.

Entonces la gitana vieja contó brevemente la historia de Andrés Caballero, y que era hijo de don Francisco de Cárcamo, caballero de la orden Santiago[172], y que se llamaba don Juan de Cárcamo, también de la misma orden. Dijo que ella guardaba el traje de caballero que se quitó cuando se hizo gitano. Contó también que Preciosa y don Juan iban a esperar dos años para conocerse antes de casarse.

Se admiraron tanto de esto como de volver a ver a su hija, y el Corregidor mandó a la gitana que fuera a buscar el traje de don Juan. Ella lo hizo así y volvió con otro gitano que vino con él.

Mientras ella iba y volvía, sus padres le hicieron a Preciosa cien mil preguntas. Le preguntaron qué sentía por don Juan, y ella respondió que le estaba muy agradecida por haberse hecho gitano por ella. Pero que ahora haría lo que sus padres quisieran. Entonces doña Guiomar le dijo a su marido:

-Señor, si don Juan de Cárcamo es un hombre tan importante y si quiere tanto a nuestra hija, no estaría mal dársela por esposa.

Y él respondió:

-Hoy la hemos vuelto a encontrar ¿y ya quiere que la perdamos? Tengámosla con nosotros algún tiempo, porque si la casamos no será nuestra, sino de su marido.

-Tiene razón, señor -respondió ella-, pero mande sacar a don Juan del calabozo.

-Primero quiero ir yo a verle -respondió el Corregidor- y de nuevo le pido, señora, que nadie sepa esta historia hasta que yo lo diga.

Abrazó a Preciosa y luego se fue a la cárcel.

***

Entró en el calabozo donde estaba don Juan y lo encontró todavía atado con las cadenas. El lugar era

muy oscuro, pero mandó abrir una pequeña ventana del techo y al verlo le dijo:

-¿Cómo está el ladrón? ¡Así tendría yo atados a todos los gitanos de España, para acabar con ellos en
un día! Sepa que yo soy el Corregidor de esta ciudad, y vengo a saber si es verdad que es su esposa
una gitanilla que viene con vosotros.

Al oír esto Andrés, pensó que el Corregidor se había
enamorado de Preciosa y le entraron muchos celos.
Entonces dijo:

-Si ella ha dicho que soy su esposo, es verdad; y si
ha dicho que no lo soy, también es verdad, porque
Preciosa no dice mentiras[173].

[173] *mentira:* cosa que no es verdad.

-Ella ha dicho que es su esposa -respondió el Corre-
gidor-, pero que nunca le ha dado la mano. Y me ha
pedido que antes de su muerte la case con usted.

-Pues hágalo como ella lo pide, señor Corregidor.
Así yo me iré contento a la otra vida.

-¡Parece que la quiere mucho! -dijo el Corregidor.

-Tanto que no se puede decir con palabras -respon-
dió el preso-. Señor Corregidor, amo a esa gitana y
moriré contento si antes la hago mi esposa.

-Pues esta noche vendrán por usted -dijo el Corregidor-, y en mi casa se casará con Preciosa, y mañana a mediodía estará en la horca[174]. Así yo cumpliré[175] lo que dice la justicia y también vuestro deseo.

Andrés se lo agradeció, y el Corregidor volvió a su casa y le explicó a su mujer lo que había hablado con don Juan y otras cosas que pensaba hacer.

Llegó la noche, y a las diez sacaron a Andrés de la cárcel atado con una larga cadena. Lo llevaron sin ser vistos a casa del Corregidor y lo pasaron a una sala[176] donde estaban doña Guiomar, el Corregidor, Preciosa, un cura[177] y otros dos criados de casa. Cuando Preciosa vio a don Juan atado con la cadena, con tan mal aspecto y con señal de haber llorado, se entristeció y se abrazó a su madre; entonces ésta le dijo:

-No te preocupes, niña, que todo va a salir bien.

Ella no sabía nada de aquello y los demás estaban deseosos de ver cómo iba a acabar aquella situación.

El Corregidor dijo:

-Señor cura, este gitano y esta gitana son los que usted ha de casar.

[178] *licencia:* permiso, autorización.
[179] *superior:* aquí, persona que es más importante que otra. Jefe.

[180] *vicario:* en la religión católica, alguien más importante que el cura.

-Eso no lo puedo hacer, porque no tengo la licencia[178] de mi superior[179] para casarlos.

-Ha sido culpa mía -respondió el Corregidor-, pero yo le pediré al vicario[180] que se la dé.

-Pues hasta que no la vea -respondió el cura- no los casaré.

Y sin decir más palabras se fue de casa y los dejó a todos confusos.

-El padre ha hecho muy bien -dijo entonces el Corregidor-, porque primero ha de llegar la licencia. Y yo quiero saber de Andrés si después de casarse con Preciosa será feliz siendo Andrés Caballero o volverá a ser don Juan de Cárcamo.

Cuando Andrés oyó su verdadero nombre dijo:

-Parece que Preciosa ha contado toda la verdad y ha dicho quién soy, pero aunque fuera rey, yo preferiría estar con ella.

-Pues por este amor que siente, señor don Juan de Cárcamo, en su momento haré que Preciosa sea su esposa. Ámela como dice, porque ella es doña Constanza de Meneses, mi única hija, y su linaje[181] es tan importante como el de usted.

[181] *linaje:* el total de los parientes de una persona, sobre todo de las importantes.

Andrés se quedó sorprendido viendo el amor que le tenían todos, y en pocas palabras doña Guiomar le contó todo lo que habían hablado sobre Preciosa y el encuentro con sus padres después de tantos años. Don Juan seguía sorprendido, pero a la vez muy alegre. Abrazó a sus suegros[182] y los llamó padres, y besó las manos de Preciosa, que estaba llorando de alegría.

[182] suegros: padres del marido o de la esposa con respecto al otro.

Se rompió el secreto y todo el pueblo se enteró de lo que había pasado. Cuando lo supo el alcalde, tío del muerto, vio que ya no podría vengarse, pues la justicia no haría nada contra el yerno[183] del Corregidor. Pero le dieron dos mil ducados para que le perdonase.

[183] yerno: el marido de la hija con respecto a los padres de ésta.

Don Juan se puso el traje de caballero que había traído la gitana y cambió las cadenas de hierro por otras de oro. Sacaron de la cárcel a todos los gitanos y buscaron a Clemente, pero no lo encontraron ni supieron nada de él hasta cuatro días después, en que se enteraron de que había embarcado[184] en Cartagena para ir a Italia.

[184] embarcar: subir a un barco.

El Corregidor le dijo a don Juan que esperarían a su padre, don Francisco de Cárcamo, para que diera su conformidad a la boda, y don Juan respondió que así se haría. Llegó la noticia a la Corte y don Francisco de Cárcamo supo que su hijo estaba a salvo, al cual daba por perdido, pues ya se había enterado de que no había ido a Flandes. Al cabo de veinte días llegó a Murcia, muy feliz de ver a su hijo casarse con la hija de un señor tan importante y tan rico.

Se me olvidaba decir que la enamorada mesonera[185] dijo a la policía que no era verdad lo del robo de Andrés el gitano, y no la castigaron porque con la alegría de la boda le dieron el perdón.

[185] *mesonera:* mujer que tiene un mesón.

### V. O. nº 1, de pág. 9

Una, pues, de esta nación, gitana vieja, que podía ser jubilada en la ciencia de Caco, crió una muchacha en nombre de nieta suya, a quien puso [por] nombre Preciosa, y a quien enseñó todas sus gitanerías, y modos de embelecos, y trazas de hurtar. Salió la tal Preciosa la más única bailadora que se hallaba en todo el gitanismo, y la más hermosa y discreta que pudiera hallarse, no entre los gitanos, sino entre cuantas hermosas y discretas pudiera pregonar la fama.

\*\*\*

### V. O. nº 2, de pág. 9

Y, finalmente, la abuela conoció el tesoro que en la nieta tenía, y así, determinó el águila vieja sacar a volar su aguilucho y enseñarle a vivir por sus uñas.

Salió Preciosa rica de villancicos, de coplas, seguidillas y zarabandas, y de otros versos, especialmente de romances, que los cantaba con especial donaire. Porque su taimada abuela echó de ver que tales juguetes y gracias, en los pocos años y en la mucha hermosura de su nieta, habían de ser felicísimos atractivos e incentivos para acrecentar su caudal [...].

\*\*\*

### V. O. nº 3, de págs. 14-15

    —Gitanica, que de hermosa     1
te pueden dar parabienes:
por lo que de piedra tienes
te llama el mundo *Preciosa*.

    De esta verdad me asegura     5
esto, como en ti verás;
que no se apartan jamás
la esquiveza y la hermosura.

    Si como en valor subido
vas creciendo en arrogancia,     10
no le arriendo la ganancia
a la edad en que has nacido;

    que un basilisco se cría
en ti, que mata mirando,
y un imperio que, aunque blando,     15
nos parezca tiranía.

Entre pobres y aduares,
¿cómo nació tal belleza?
O ¿cómo crió tal pieza
el humilde Manzanares?                    20
    Por eso será famoso
al par del Tajo dorado
y por Preciosa preciado
más que el Ganges caudaloso.
    Dices la buenaventura,               25
y dasla mala contino;
que no van por un camino
tu intención y tu hermosura.
    Porque en el peligro fuerte
de mirarte o contemplarte,              30
tu intención va a disculparte,
y tu hermosura a dar muerte.
    Dicen que son hechiceras
todas las de tu nación:
pero tus hechizos son                   35
de más fuerzas y más veras;
    pues por llevar los despojos
de todos cuantos te ven,
haces, ¡oh niña!, que estén
tus hechizos en tus ojos.               40
    En sus fuerzas te adelantas,
pues bailando nos admiras,
y nos matas si nos miras,
y nos encantas si cantas.
    De cien mil modos hechizas:         45
hables, calles, cantes, mires,
o te acerques, o retires,
el fuego de amor atizas.
    Sobre el más exento pecho
tienes mando y señorío,                 50
de lo que es testigo el mío,
de tu imperio satisfecho.
    Preciosa joya de amor,
esto humildemente escribe
el que por ti muere y vive,             55
pobre, aunque humilde amador.

\*\*\*

**V. O. nº 4, de pág. 18**

Sucedió, pues, que la mañana de un día que volvían a Madrid a coger la garrama con las demás gitanillas, en un valle pequeño que está obra de quinientos pasos antes de que se llegue a la villa, vieron un mancebo gallardo y ricamente aderezado de camino. La espada y daga que traía eran, como decirse suele, una ascua de oro; sombrero con rico cintillo y con plumas de diversas colores adornado. Repararon las gitanas en viéndole, y pusiéronsele a mirar muy de espacio, admiradas de que a tales horas un tan hermoso mancebo estuviese en tal lugar, a pie y solo.

\*\*\*

**V. O. nº 5, de pág. 19**

—Yo vengo de manera rendido a la discreción y belleza de Preciosa, que después de haberme hecho mucha fuerza para excusar llegar a este punto, al cabo he quedado más rendido y más imposibilitado de excusarlo. Yo, señoras mías (que siempre os he de dar este nombre, si el cielo mi pretensión favorece), soy caballero, como lo puede mostrar este hábito —y apartando el herreruelo, descubrió en el pecho uno de los más calificados que hay en España—; soy hijo de Fulano —que por buenos respetos aquí no se declara su nombre—, estoy debajo de su tutela y amparo; soy hijo único, y el que espera un razonable mayorazgo.

\*\*\*

**V. O. nº 6, de pág. 20**

Y Preciosa dijo:

—Yo, señor caballero, aunque soy gitana pobre y humildemente nacida, tengo un cierto espiritillo fantástico acá dentro, que a grandes cosas me lleva. A mí ni me mueven promesas, ni me desmoronan dádivas, ni me inclinan sumisiones, ni me espantan finezas enamoradas; y aunque de quince años (que, según la cuenta de mi abuela, para este San Miguel los haré), soy ya vieja en los pensamientos y alcanzo más de aquello que mi edad promete [...].

\*\*\*

**V. O. nº 7, de pág. 20**

Si quisiéredes ser mi esposo, yo lo seré vuestra; pero han de preceder muchas condiciones y averiguaciones primero. Primero tengo que saber si sois el que decís; luego, hallando esta verdad, habéis de dejar la casa de vuestros padres y la habéis de trocar con nuestros ranchos, y tomando el traje de gitano, habeis de cursar dos años en nuestras escuelas, en el cual tiempo me satisfaré yo de vuestra condición, y vos de la mía; al cabo del cual, si vos os contentáredes de mí, y yo de vos, me entregaré por vuestra esposa [...].

\*\*\*

**V. O. nº 8, de págs. 24-25**

Y como ella llevaba puesta la mira en buscar la casa del padre de Andrés, sin querer detenerse a bailar en ninguna parte, en poco espacio se puso en la calle do estaba, que ella muy bien sabía; y habiendo andado hasta la mitad, alzó los ojos a unos balcones de hierro dorados, que le habían dado por señas, y vio en ella a un caballero de hasta edad de cincuenta años, con un hábito de cruz colorada en los pechos, de venerable gravedad y presencia; el cual apenas también hubo visto la gitanilla, cuando dijo:

—Subid, niñas, que aquí os darán limosna.

\*\*\*

**V. O. nº 9, de pág. 27**

Cuando Preciosa el panderete toca
y hiere el dulce son los aires vanos,
perlas son que derrama con las manos;
flores son que despide de la boca.

Suspensa el alma, y la cordura loca,
queda a los dulces actos sobrehumanos,
que, de limpios, de honestos y de sanos,
su fama al cielo levantado toca.

Colgadas del menor de sus cabellos
mil almas lleva, y a sus plantas tiene
amor rendidas una y otra flecha.

Ciega y alumbra con sus soles bellos,
su imperio amor por ellas le mantiene,
y aún más grandezas de su ser sospecha.

\*\*\*

V. O. nº 10, de pág. 28

Cabecita, cabecita,
tente en ti, no te resbales,
y apareja dos puntales
de la paciencia bendita.
Solicita
la bonita
confiancita;
no te inclines
a pensamientos ruines;
verás cosas
que toquen en milagrosas,
Dios delante
y San Cristóbal gigante.

\*\*\*

V. O. nº 11, de pág. 29

Llegóse, en fin, el día que Andrés Caballero se apareció una mañana en el primer lugar de su aparecimiento, sobre una mula de alquiler, sin criado alguno. Halló en él a Preciosa y a su abuela, de las cuales conocido, le recibieron con mucho gusto. Él les dijo que le guiasen al rancho antes que entrase el día y con él se descubriesen las señas que llevaba, si acaso le buscasen. Ellas, que, como advertidas, vinieron solas, dieron la vuelta, y de allí a poco rato llegaron a sus barracas.

\*\*\*

V. O. nº 12, de pág. 30

Hechas, pues, las referidas ceremonias, un gitano viejo tomó por la mano a Preciosa, y puesto delante de Andrés dijo:

—Esta muchacha, que es la flor y la nata de toda la hermosura de las gitanas que sabemos que viven en España, te la entregamos, ya por esposa, o ya por amiga; que en esto puedes hacer lo que fuere más de tu gusto, porque la libre y ancha vida nuestra no está sujeta a melindres ni a muchas ceremonias.

\*\*\*

**V. O. nº 13, de pág. 33**

Poco más de un mes se estuvieron en los términos de Toledo, donde hicieron su agosto, aunque era por el mes de setiembre, y desde allí se entraron en Extremadura, por ser tierra rica y caliente. Pasaba Andrés con Preciosa honestos, discretos y enamorados coloquios, y ella poco a poco se iba enamorando de la discreción y buen trato de su amante, y él, del mismo modo, si pudiera crecer su amor, fuera creciendo: tal era la honestidad, discreción y belleza de su Preciosa. A doquiera que llegaban, él se llevaba el precio y las apuestas de corredor y de saltar más que ninguno; jugaba a los bolos y a la pelota extremadamente; tiraba la barra con mucha fuerza y singular destreza; finalmente, en poco tiempo voló su fama por toda Extremadura, y no había lugar donde no se hablase de la gallarda disposición del gitano Andrés Caballero y de sus gracias y habilidades, y al par de esta fama corría la de la hermosura de la gitanilla.

\*\*\*

**V. O. nº 14, de pág. 42**

Aquella mañana se levantó el aduar, y se fueron a alojar en un lugar de la jurisdicción de Murcia, tres leguas de la ciudad, donde le sucedió a Andrés una desgracia que le puso en punto de perder la vida. Y fue que, después de haber dado en aquel lugar algunos vasos y prendas de plata en fianzas, como tenían de costumbre, Preciosa y su abuela, y Cristina con otras dos gitanillas, y los dos, Clemente y Andrés, se alojaron en un mesón de una viuda rica, la cual tenía una hija de edad de diecisiete o dieciocho años, algo más desenvuelta que hermosa, y, por más señas, se llamaba Juana Carducha. Ésta, habiendo visto bailar a las gitanas y gitanos, la tomó el diablo, y se enamoró de Andrés tan fuertemente, que propuso de decírselo y tomarle por marido [...].

\*\*\*

**V. O. nº 15, de pág. 43**

La Carducha, que vio que en irse Andrés se le iba la mitad de su alma, y que no le quedaba tiempo para solicitar el cumplimiento de sus deseos, ordenó de hacer quedar a Andrés por fuerza, ya que de grado no podía; y así, con la industria, sagacidad y secreto que su mal intento le enseñó, puso entre las alhajas de Andrés, que ella conoció por suyas, unos ricos corales y dos patenas de plata, con otros brincos suyos, y apenas habían salido del mesón, cuando dio voces, diciendo que aquellos gitanos le llevaban robadas sus joyas; a cuyas voces acudió la justicia y toda la gente del pueblo.

\*\*\*

**V. O. nº 16, de pág. 44**

Y diciendo esto, sin más ni más, alzó la mano y le dio un bofetón tal, que le hizo volver de su embelesamiento y le hizo acordar que no era Andrés Caballero, sino don Juan y caballero. Y arremetiendo al soldado con mucha presteza y más cólera, le arrancó su misma espada y se la envainó en el cuerpo, dando con él muerto en tierra.

***

**V. O. nº 17, de pág. 45**

Salió toda Murcia a ver los presos, que ya se tenía noticia de la muerte del soldado. Pero la hermosura de Preciosa aquel día fue tanta, que ninguno la miraba que no la bendecía, y llegó la nueva de su belleza a los oídos de la señora Corregidora, que por curiosidad de verla hizo que el Corregidor, su marido, mandase que aquella gitanica no entrase en la cárcel [...].

***

**V. O. nº 18, de pág. 48**

Y descubriendo un cofrecico donde venían las de Preciosa, se le puso en las manos al Corregidor, y en abriéndole, vio aquellos dijes pueriles; pero no cayó [en] lo que podían significar. Mirólos también la Corregidora, pero tampoco dio en la cuenta; sólo dijo:

—Estos son adornos de alguna pequeña criatura.

—Así es la verdad —dijo la gitana—; y de qué criatura sean lo dice ese escrito que está en ese papel doblado.

Abríole con prisa el Corregidor, y leyó lo que decía:

*«Llamábase la niña doña Constanza de Azevedo y de Meneses; su madre, doña Guiomar de Meneses, y su padre, don Fernando de Azevedo, caballero del hábito de Calatrava. Desparecíla día de la Ascensión del Señor, a las ocho de la mañana, del año de mil quinientos y noventa y cinco. Traía la niña puestos estos brincos que en este cofre están guardados.»*

***

**V. O. nº 19, de pág. 49**

Llegó, en fin, con la preciosa carga doña Guiomar a la presencia de su marido, y trasladándola de sus brazos a los del Corregidor, le dijo:

—Recibid, señor, a vuestra hija Constanza, que ésta es sin duda; no lo dudéis señor, en ningún modo, que la señal de los dedos juntos y la del pecho he visto, y más, que a mí me lo está diciendo el alma desde el instante que mis ojos la vieron.

\*\*\*

**V. O. nº 20, de pág. 50**

—¡Ay! —dijo a esto Preciosa—, señor mío, que ni es gitano ni ladrón, puesto que es matador. Pero fuelo del que le quitó la honra, y no pudo hacer menos de mostrar quién era y matarle.

—¿Cómo que no es gitano, hija mía? —dijo doña Guiomar.

Entonces la gitana vieja contó brevemente la historia de Andrés Caballero, y que era hijo de don Francisco de Cárcamo, caballero del hábito de Santiago, y que se llamaba don Juan de Cárcamo; asimismo del mismo hábito [...].

\*\*\*

**V. O. nº 21, de págs. 55-56**

Llegaron las nuevas a la Corte del caso y casamiento de la gitanilla; supo don Francisco de Cárcamo ser su hijo el gitano y ser la Preciosa la gitanilla que él había visto, cuya hermosura disculpó con él la liviandad de su hijo, que ya le tenía por perdido, por saber que no había ido a Flandes; y más porque vio cuán bien le estaba el casarse con hija de tan gran caballero y tan rico como era don Fernando de Azevedo.

# Tareas • Tareas

a punto de .................................................

a solas ........................................................

a veces .......................................................

abajo ...........................................................

abrazar; abrazado, a ...................................

........................................................................

abrir ............................................................

abuelo, a (el, la) ........................................

acabar .........................................................

aceite (el) ....................................................

acercar ........................................................

acompañar; acompañado, a .......................

........................................................................

acordarse ....................................................

adelante ......................................................

además .......................................................

adivinar; adivino, a (el, la) .........................

........................................................................

admirar; admirado, a ...................................

........................................................................

adulterio (el) ................................................

agradable ....................................................

agradecer; agradecido, a ...........................

........................................................................

ahora ..........................................................

ahorcar ........................................................

aire (el) .......................................................

al cabo ........................................................

al fin y al cabo ............................................

al final .........................................................

alcalde, -esa (el, la) ...................................

alegrar; alegría (la); alegre ........................

........................................................................

........................................................................

alejar ...........................................................

algo; alguien; algún; alguno, a ...................

........................................................................

........................................................................

allí ...............................................................

alma (el) ......................................................

alto, a ..........................................................

amar; amor; amador; a; amante ..................

........................................................................

........................................................................

........................................................................

amigo, a (el, la); amistad (la) .....................

........................................................................

anciano, a ....................................................

andar ...........................................................

animar ..........................................................

anochecer; anoche .....................................

........................................................................

antes; antes de ...........................................

........................................................................

apartar .........................................................

aprender ......................................................

aquí .............................................................

arrepentirse .................................................

aseo (el) ......................................................

así; asimismo ..............................................

........................................................................

asombrado, a ...............................................

aspecto (el) .................................................

astuto, a .......................................................

asustar; asustado, a ....................................

........................................................................

atacar ..........................................................

atar; atado, a ...............................................

........................................................................

atención (la); atentamente ..........................

........................................................................

atrás ............................................................

atrever .........................................................

aumentar ......................................................

aun ..............................................................

aún ..............................................................

ayudar .........................................................

bailar, baile (el); bailador, a (el, la) ............

........................................................................

........................................................................

bajo, a .........................................................

balcón (el) ...................................................

barba (la) ....................................................

barco (el) .....................................................

barra (la) .....................................................

barraca (la) .................................................

belleza (la) ..................................................

bendecir ......................................................

besar; beso (el) ...........................................

........................................................................

bien .............................................................

blanca (la) ...................................................

blanco, a .....................................................

boca (la) ......................................................

boda (la) ......................................................

# Tu diccionario

bofetada (la) ............................................

bolo (el) ............................................

bolsa (la) ............................................

bolsillo (el) ............................................

bosque (el) ............................................

brazo (el) ............................................

brevemente ............................................

brillante ............................................

buen; bueno, a ............................................

............................................

buenaventura (la) ............................................

burlarse ............................................

burro, a (el, la) ............................................

buscar ............................................

caballero (el) ............................................

cabello (el) ............................................

cabeza (la) ............................................

cadena (la) ............................................

caer ............................................

caja (la) ............................................

calabozo (el) ............................................

callar; callado, a ............................................

............................................

calle (la) ............................................

cambiar ............................................

caminar; camino (el) ............................................

............................................

campamento (el); campo (el) ............................................

............................................

cansar; cansado, a ............................................

............................................

cantar; canción (la); canto (el) ............................................

............................................

............................................

cantidad (la) ............................................

cara (la) ............................................

cárcel (la) ............................................

caridad (la) ............................................

carne (la) ............................................

casa (la) ............................................

casar; casado, a ............................................

............................................

casi ............................................

castigar; castigo (el) ............................................

............................................

celo (el); celoso, a ............................................

............................................

centro (el) ............................................

cerca ............................................

ceremonia (la) ............................................

chico, a (el, la) ............................................

cinta (la) ............................................

ciudad (la) ............................................

claro, a ............................................

coger ............................................

cólera (la) ............................................

coloquio (el) ............................................

color (el) ............................................

colorado, a ............................................

comenzar ............................................

comer ............................................

compañero, a (el, la); compañía (la) ............................................

............................................

comprar ............................................

conde, -esa (el, la) ............................................

condición (la) ............................................

confianza (la) ............................................

confirmar ............................................

conformidad (la) ............................................

confusión (la); confuso, a ............................................

............................................

conocer ............................................

conseguir ............................................

contar ............................................

contento, a ............................................

corazón (el) ............................................

corral (el) ............................................

corregidor, -a (el, la) ............................................

correr ............................................

corro (el) ............................................

cortar ............................................

cosa (la) ............................................

costumbre (la) ............................................

crecer ............................................

creer ............................................

criado, a (el, la) ............................................

criar; criatura (la); criado, a ............................................

............................................

............................................

cruz (la) ............................................

cualquier; cualquiera ............................................

............................................

cuarto (el) ............................................

cuenta (la) ............................................

cuerpo (el) ............................................

culpa (la) ............................................

| | |
|---|---|
| cumplir .................................................... | discreción (la); discreto, a .................................. |
| cura (el) .................................................. | |
| curar; curado, a ........................................ | diverso, a .............................................. |
| .................................................................. | doblado, a .............................................. |
| curioso, a ................................................ | doblón (el) ............................................. |
| dama (la) ................................................. | doctor, -a (el, la) .................................... |
| dar; dar las gracias .................................. | doler; dolor (el) ...................................... |
| .................................................................. | |
| de repente ............................................... | don, doña ............................................... |
| de veras .................................................. | dormir .................................................. |
| de vez en cuando ..................................... | ducado (el) ............................................ |
| debajo; debajo de ................................... | dudar; duda (la) ..................................... |
| .................................................................. | |
| deber ...................................................... | dueño, a ................................................ |
| decidir .................................................... | durante ................................................. |
| decir ...................................................... | durar .................................................... |
| dedo (el); dedal (el) ................................ | duro, a .................................................. |
| .................................................................. | edad (la) ............................................... |
| defender ................................................. | educación (la) ........................................ |
| dejar ...................................................... | ejército (el) ........................................... |
| delante; delante de ................................. | elegante ................................................ |
| .................................................................. | embarcar ............................................... |
| delito (el) ............................................... | empezar ................................................ |
| demás ..................................................... | en seguida ............................................. |
| dentro; dentro de ................................... | enamorado, a .......................................... |
| .................................................................. | encender ............................................... |
| deprisa ................................................... | encerrar ................................................ |
| derecho, a .............................................. | encontrar; encuentro (el) ......................... |
| desabrochar ............................................ | .................................................................. |
| desaparecer ............................................ | enfadar; enfadado, a ............................... |
| descubierto, a ......................................... | .................................................................. |
| desear .................................................... | engañar; engaño (el) ............................... |
| desenvuelto, a ........................................ | .................................................................. |
| deseo (el); deseoso, a .............................. | enseñar ................................................. |
| .................................................................. | entender ............................................... |
| desgracia ................................................ | enterar .................................................. |
| desmayar ................................................ | enterrar ................................................. |
| despacio ................................................. | entonces ............................................... |
| despedir ................................................. | entrar; entrada (la) ................................. |
| despertar; despierto, a ............................ | |
| .................................................................. | entregar ................................................ |
| después; después de ............................... | entristecer ............................................. |
| .................................................................. | equivocado, a ......................................... |
| devolver ................................................. | escoger; escogido, a ............................... |
| día (el) ................................................... | .................................................................. |
| diablo (el) ............................................... | esconder ............................................... |
| dinero (el) .............................................. | escribir ................................................. |

# Tu diccionario

*Nivel II, hasta 1.000 entradas en la obra adaptada.*

escuchar ......................................................................

escudo (el) ..................................................................

esmeralda (la) .............................................................

espada (la) ..................................................................

especial; especialmente ..............................................

......................................................................................

esperar ........................................................................

esposo, a (el, la) .........................................................

estar ............................................................................

estrecho, a ..................................................................

estropear ....................................................................

explicar ........................................................................

facilidad (la) ................................................................

falda (la) ......................................................................

faltar ............................................................................

fama (la); famoso, a ....................................................

......................................................................................

feliz ..............................................................................

feo, a ............................................................................

fiesta (la) ....................................................................

finalmente ..................................................................

flor (la) ........................................................................

forzar ..........................................................................

fraile (el) ......................................................................

fuego (el) ....................................................................

fuente (la) ..................................................................

fuerza; fuertemente ....................................................

......................................................................................

gana (la) ......................................................................

ganar ..........................................................................

gastar ..........................................................................

genovés, a ..................................................................

gente (la) ....................................................................

gigante ........................................................................

gitano, a (el, la) ..........................................................

gracia (la) ....................................................................

gracias; (dar las) gracias ............................................

......................................................................................

gran(de) ......................................................................

grave ..........................................................................

gritar; grito (el) ..........................................................

......................................................................................

grueso, a ....................................................................

guapo, a ......................................................................

guardar; guardado, a ..................................................

......................................................................................

guitarra (la) ................................................................

gustar ..........................................................................

haber ..........................................................................

habitación (la) ............................................................

hábito (el) ..................................................................

hablar ..........................................................................

hacer ..........................................................................

hechizar; hechicero, a (el, la); hechizo (el) ................

......................................................................................

herida (la); herido, a ..................................................

hermano, a (el, la) ......................................................

hermosura (la); hermoso, a ........................................

......................................................................................

hierro (el) ....................................................................

hijo, a (el, la) ..............................................................

historia (la) ................................................................

hola ............................................................................

hombre (el) ................................................................

homicida (el, la) ..........................................................

honesto, a ..................................................................

honrado, a ..................................................................

hora (la) ......................................................................

horca (la) ....................................................................

hoy ..............................................................................

huir ..............................................................................

humilde; humildemente ..............................................

......................................................................................

iglesia (la) ..................................................................

imaginar ......................................................................

importar; importante ..................................................

......................................................................................

imposible ....................................................................

incesto (el) ..................................................................

informar; información (la) ............................................

......................................................................................

ingenio (el) ..................................................................

inteligencia (la) ..........................................................

intención (la) ..............................................................

interesante ..................................................................

ir ..................................................................................

izquierdo, a ................................................................

joven ..........................................................................

joya (la) ......................................................................

jugar; juego (el) ..........................................................

......................................................................................

juntar; junto, a; junto a ..............................................

......................................................................................

......................................................................................

jurar

justicia (la)

labrador, -a (el, la)

lado (el)

ladrar

ladrón, -a (el, la)

lágrima (la)

largo, a

lástima (la)

lavar

leer

legua (la)

lejos

levantar

ley (la)

liar

libertad; libre

licencia (la)

limosna (la)

limpio, a

linaje (el)

lindo, a

lista (la)

llamar

llegar

llenar

llevar

llorar

luchar

luego

lugar (el)

luna (la)

luz (la)

madre (la)

mal (el); maldad (la); malo, a; mal

mandar

manera (la)

mano (la)

mañana

marchito, a

marido (el)

más

matar

matrimonio (el)

mayor

medicina (la)

medio, a

mediodía (el)

mejor

menos

mentir; mentira (la); mentiroso, a

mes (el)

mesón (el); mesonero, a (el, la)

meter

miedo (el)

mientras

milagroso, a

mirar

misericordia (la)

mismo, a

modo (el)

momento (el)

monasterio (el)

moneda (la)

montaña (la)

morder; mordido, a

morir; muerte (la); mortal; muerto, a

muchacho, a (el, la)

mucho, a

mujer (la)

mulo, a (el, la)

mundo (el)

música (la)

muy

nacer

nación (la)

nada; nadie

necesitar; necesario, a

negar

nervioso, a

ni siquiera

nieto, a (el, la)

ningún; ninguno, a

# Tu diccionario

niño, a (el, la) .......................................................

no ...........................................................................

noble (el) ..............................................................

noche (la) .............................................................

nombre (el) ..........................................................

normal; normalmente ........................................

.................................................................................

noticia (la) ............................................................

nuevo, a ...............................................................

nunca ....................................................................

obedecer ..............................................................

ocasión (la) ..........................................................

ocurrir ...................................................................

odiar ......................................................................

oír; oído (el) .........................................................

ojo (el) ..................................................................

olvidar ...................................................................

orden (la) ..............................................................

oro (el) ..................................................................

oscuro, a ..............................................................

otro, a ....................................................................

padre (el) ..............................................................

pagar .....................................................................

paje (el) .................................................................

palabra (la) ...........................................................

palma (la) .............................................................

palo (el) .................................................................

panderete (el) .......................................................

papel (el) ..............................................................

parar .......................................................................

parecer ..................................................................

pariente (el) ..........................................................

partir; parte (la) ....................................................

.................................................................................

pasar; paso (el) ...................................................

.................................................................................

pasear ...................................................................

pasión (la) ............................................................

patrona (la) ..........................................................

pecho (el) .............................................................

pedir .......................................................................

pegar ......................................................................

peligroso, a ..........................................................

pellizcar .................................................................

pelo (el) .................................................................

pelota (la) .............................................................

pena (la) ................................................................

pensar ...................................................................

pequeño, a ...........................................................

perder; pérdida (la) .............................................

.................................................................................

perdonar; perdón (el) .........................................

perla (la) ...............................................................

perro, a (el, la) .....................................................

persona (la) ..........................................................

pesar ......................................................................

pie (el) ...................................................................

pierna (la) .............................................................

pieza (la) ...............................................................

plata (la) ................................................................

pluma (la) .............................................................

pobreza (la); pobre .............................................

.................................................................................

poco, a ..................................................................

poder .....................................................................

poema (el); poeta (el) .........................................

.................................................................................

policía (la) .............................................................

poner ......................................................................

precioso, a ............................................................

preferir ...................................................................

preguntar; pregunta (la) .....................................

.................................................................................

preocupar ..............................................................

preso, a .................................................................

príncipe, princesa (el, la) ...................................

prisa (la) ................................................................

prometer; promesa (la) .......................................

.................................................................................

pronto .....................................................................

próximo, a .............................................................

prudencia (la) .......................................................

pueblo (el) ............................................................

puerta (la) .............................................................

quedarse ...............................................................

querer .....................................................................

quitar ......................................................................

quizás .....................................................................

rama (la) ................................................................

rapidez (la); rápidamente ...................................

.................................................................................

rato (el) ..................................................................

razón (la) ...............................................................

real (el) ..................................................................

recibir .....................................................................

reconocer .................................................
recordar; recuerdo (el) ................................
.................................................................
regalo (el) ..................................................
reír ............................................................
reja (la) ......................................................
repartir ......................................................
replicar ......................................................
resbalar .....................................................
respetar .....................................................
respirar ......................................................
responder; respuesta (la) ...........................
.................................................................
resto (el) ....................................................
.................................................................
rey, reina (el, la) ........................................
rico, a .......................................................
rincón (el) ..................................................
río (el) .......................................................
risa (la) ......................................................
robar; robo (el); robado, a ..........................
.................................................................
.................................................................
romance (el); romancero (el) .......................
.................................................................
romero (el) .................................................
romper ......................................................
ropa (la) ....................................................
saber; sabio, a ..........................................
.................................................................
sacar .........................................................
saco (el) .....................................................
sala (la) .....................................................
salir ...........................................................
saltar; salto (el) .........................................
.................................................................
secreto (el) ................................................
seda (la) ....................................................
seguir ........................................................
seguro, a ...................................................
sentir .........................................................
seña (la); señal (la); señalado, a .................
.................................................................
.................................................................
.................................................................
señor, -a (el, la) .........................................
separar ......................................................
ser ............................................................

servir .........................................................
sí ..............................................................
siempre .....................................................
simpático, a ...............................................
sitio (el) .....................................................
situación (la) ..............................................
sobrino, a (el, la) .......................................
soldado (el) ...............................................
solo, a; sólo ..............................................
.................................................................
soltar .........................................................
soltero, a ...................................................
sombra (la) ................................................
sombrero (el) .............................................
sonaja (la) .................................................
sonido (el) .................................................
sorprender; sorprendido, a ..........................
.................................................................
sospecha (la) .............................................
subir ..........................................................
suegro, a (el, la) ........................................
suelo (el) ...................................................
superior .....................................................
susto (el) ...................................................
tal .............................................................
también ......................................................
tampoco ....................................................
tarde .........................................................
techo (el) ...................................................
tela (la) ......................................................
tener .........................................................
teniente (el) ...............................................
tesoro (el) ..................................................
teta (la) .....................................................
tiempo (el) .................................................
tiernamente ...............................................
tierra (la) ...................................................
tío, a (el, la) ..............................................
tirar ...........................................................
tocar .........................................................
todavía ......................................................
todo, a ......................................................
tomar ........................................................
tonto, a .....................................................
trabajar .....................................................
traer .........................................................
traición (la) ...............................................

traje (el) ...........................................................

tranquilizar; tranquilo, a ...................................

...........................................................................

trato (el) ...........................................................

último, a ...........................................................

un/uno, a; único, a ...........................................

...........................................................................

unir; unido, a ...................................................

...........................................................................

vaciar ...............................................................

valle (el) ...........................................................

vecino, a (el, la) ...............................................

vender .............................................................

vengar .............................................................

venir ................................................................

venta (la) .........................................................

ventana (la) .....................................................

ver ...................................................................

verdad; verdadero, a .......................................

...........................................................................

verde ...............................................................

verso (el) .........................................................

vestir; vestido (el) ...........................................

...........................................................................

vez (la) .............................................................

viajar; viaje (el) ...............................................

vicario (el) .......................................................

viejo, a .............................................................

viernes (el) .......................................................

virginidad (la) ...................................................

visitar ...............................................................

viudo, a (el, la) ................................................

vivir; vida (la); vivo, a .....................................

...........................................................................

...........................................................................

voluntad (la) .....................................................

volver ...............................................................

voz (la) .............................................................

vuelta (la) .........................................................

vulgar ...............................................................

ya .....................................................................

yerno (el) .........................................................

zapato (el) .......................................................

1 ¿Por qué la abuela de Preciosa creyó que tenía un tesoro en su nieta?......................................................

..........................................................................................................................................................................

2 ¿Qué había en el papel que le dio el paje a la gitanilla?................................................................................

..........................................................................................................................................................................

3 ¿Qué le dieron a Preciosa en casa del teniente por decir la buenaventura?...............................................

..........................................................................................................................................................................

4 ¿A quién se encontró Preciosa en un valle pequeño una mañana que volvía a Madrid con otras gitanas?.........

..........................................................................................................................................................................

5 ¿Cuáles son las condiciones que le pidió la gitanilla al caballero enamorado? ...........................................

..........................................................................................................................................................................

6 ¿Cómo se llama en realidad Andrés Caballero? .............................................................................................

..........................................................................................................................................................................

7 Don Juan engañó a sus padres para irse con los gitanos. ¿Adónde les dijo que se iba? ...........................

..........................................................................................................................................................................

8 ¿Qué se le cayó a Preciosa cuando estaba bailando en casa de don Juan? ................................................

..........................................................................................................................................................................

9 ¿Por qué pidió Andrés Caballero que mataran a la mula en la que llegó al campamento? .........................

..........................................................................................................................................................................

10 ¿Por qué se unió el paje a los gitanos? ........................................................................................................

..........................................................................................................................................................................

11 ¿Quién es Juana Carducha? ..........................................................................................................................

..........................................................................................................................................................................

12 ¿Por qué encerraron a Andrés en la cárcel? .................................................................................................

..........................................................................................................................................................................

13 ¿Qué enseñó la gitana vieja al Corregidor y a su esposa? ..........................................................................

..........................................................................................................................................................................

14 ¿Cuál es el nombre verdadero de Preciosa y quiénes son sus padres? .......................................................

..........................................................................................................................................................................

15 ¿Dónde se había ido Clemente? ...................................................................................................................

..........................................................................................................................................................................

16 ¿Estaba feliz don Francisco de Cárcamo de que su hijo se casara con Preciosa? ¿Por qué? .....................

..........................................................................................................................................................................

# Escribe tu ficha RESUMEN